上海票据交易所
SHANGHAI COMMERCIAL PAPER EXCHANGE CORPORATION LTD

2020

中国票据市场发展报告

上海票据交易所《中国票据市场发展报告》编写组

中国金融出版社

责任编辑：黄海清
责任校对：李俊英
责任印制：张也男

图书在版编目（CIP）数据

中国票据市场发展报告．2020／上海票据交易所《中国票据
市场发展报告》编写组编．—北京：中国金融出版社，2021.6
　　ISBN 978-7-5220-1202-5

　　Ⅰ．①中… Ⅱ．①上… Ⅲ．①票据市场—研究报告—中国—
2020　Ⅳ．①F832.5

中国版本图书馆CIP数据核字（2021）第109336号

中国票据市场发展报告．2020
ZHONGGUO PIAOJU SHICHANG FAZHAN BAOGAO. 2020

出版
发行　　中国金融出版社

社址　　北京市丰台区益泽路2号
市场开发部　（010）66024766，63805472，63439533（传真）
网上书店　www.cfph.cn
　　　　　　（010）66024766，63372837（传真）
读者服务部　（010）66070833，62568380
邮编　　100071
经销　　新华书店
印刷　　北京市松源印刷有限公司
尺寸　　210毫米×285毫米
印张　　14.75
字数　　235千
版次　　2021年7月第1版
印次　　2021年7月第1次印刷
定价　　108.00元
ISBN 978-7-5220-1202-5
如出现印装错误本社负责调换　联系电话（010）63263947

本书编委会

2020年是"十三五"规划收官之年。五年来，伴随上海票据交易所（以下简称票交所）的成立与建设，票据市场从区域分割、信息不透明、以纸质票据和线下操作为主的传统市场向全国统一、安全高效、电子化的现代市场转型，票据市场生态环境的重构为深化票据市场发展奠定了坚实的基础。2020年也是极不平凡的一年，面对严峻复杂的国内外形势，特别是新冠肺炎疫情的冲击，票据市场总体呈现出稳步发展、逆势上扬的良好态势，在服务实体经济、防范金融风险、深化金融改革方面发挥了更加积极的作用。

一、票据市场服务实体经济能力新提升

（一）票据市场业务量总体呈现稳步增长态势

回顾2020年，面对新冠肺炎疫情冲击，票据市场顶住压力，总体实现稳步增长。全年票据市场业务总量148.24万亿元，同比增长12.77%；市场承兑发生额22.09万亿元，同比增长8.41%；企业背书47.19万亿元，同比增长1.55%；贴现发生额13.41万亿元，同比增长7.67%；交易发生额64.09万亿元，同比增长25.81%。

（二）票据市场服务实体经济质效进一步提升

截至2020年末，票据承兑余额14.09万亿元，占同期社会融资规模存量的比重为4.95%；票据贴现余额8.78万亿元，占同期企业人民币贷款余额的比重为8.09%。全年企业用票金额合计82.7万亿元，同比增长4.27%；用票企业家数合计270.58万家，同比增长11.22%。其中，小微企业用票金额44.03万亿元，占比53.24%；小微企业用票家数250.31万家，占比达92.50%。全年小微企业贴现金额近7.7万亿元，占比57.37%。全年贴现加权平均利率为2.98%，下降47个基点，较LPR（1年期）平均低92个基点，充分体现了票据在解决中小微和民营企业融资难、融资贵方面的独特优势。

二、票据市场风险防控机制新完善

（一）票交所层面

2020年，票据市场风险形势不断变化，票交所采取积极措施，提升市场风险防控能力。一是优化大数据智能化票据监测预警平台，增强对异常行为的主动监测能力，监测范围从金融机构扩展至企业。二是强化风险防控市场化约束机制。积极推进商业汇票信息披露工作开展，成功上线试运行商业汇票信息披露平台，制定出台《商业承兑汇票信息披露操作细则》。截至2020年末，在平台开展票据信息披露的企业有418家，注册用户覆盖全国24个省份，披露承兑信息的票据约15万张，披露金额超1 000亿元。三是完善操作风控管理机制。针对伪假票据风险发布操作规程，明确伪假票据发现报告处置流程，为企业客户提供票据账户主动管理服务，防范伪假票据风险；针对电子商业汇票业务代理风险以及电子银票限期未应答风险，发布管理规程，进一步规范业务行为，降低市场操作风险。

（二）市场机构层面

2020年，市场机构面对复杂多变的票据市场环境，创新风险防控手段，提升风险防控能力，确保业务稳健经营。一是深入研究业务各环节的潜在风险点，加强前瞻性风险研判。比如，部分大型金融机构从市场风险、信用风险、操作风险和合规风险等方面进行全方位风险识别评估，有针对性地开展全面风险管理。二是加强制度建设，持续对内部各项规章制度进行梳理完善，夯实合规经营基础。比如，部分中小金融机构从票据业务风险案件的归纳分析出发，结合自身业务特点，提出完善风险管控举措等。三是以科技赋能风险管理，助推风控系统升级。比如，部分机构以票据交易数据为基础，结合其他内外部数据，通过构建模型分析评估客户风险情况，为客户选择、风险防控提供重要参考。

三、票据市场业务创新新突破

（一）票交所层面

2020年，受全球疫情影响，国内外经济下行压力加大，产业链供应链循环受阻。票交所充分运用票据的特点及贴近实体经济的天然优势，以问题为导向加强业务创新，形成票据全生命周期创新产品"闭环"，有力提升票据市场服务实体经济的质效。一是签发端推出供应链票据，将上下游企业间物流、信息流、资金流等整合，促进企业应收账款的规范化和标准化。截至2020年末，共有909家企业在供应链票据平台完成信息登记。二是在支付端推广"票付通"业务，为企业提供安全、便捷、高效的线上账期支付工具。2020年，"票付通"累计发起票据支付4 852笔，业务金额90.55亿元。三是在贴现端推进"贴现通"业务，打破贴现市场信息壁垒，实现待贴现票据和待投放资金的精准匹配。2020年，"贴现通"业务新增5 100家贴现申请企业，累计成交票面金额323.18亿元。四是在融资端推动标准化票据，配合人民银行制定《标准化票据管理办法》，做好基础资产归集、信息披露、托管余额监测等工作。2020年，成功创设标准化票据产品57只，金额合计61.18亿元，多元化满足市场融资需求。五是建设跨境人民币贸易融资转让服务平台，实现跨境贸易融资二级市场业务的线上集中化处理，优化金融机构跨境贸易金融服务。截至2020年末，共有26家机构达成交易32笔，金额合计22.10亿元。此外，票交所多措并举提升服务质量，全方位提高服务软实力：上线会员接入平台，推进一站式服务，大幅提高接入效率；做好数据信息服务，深入调研市场需求，加强票据市场信息产品研发；打造良好窗口形象，上线智能客服系统，推动场务服务智能化。

（二）市场层面

2020年，市场机构一方面积极参与票交所业务创新工作，配合票交所新业务上线；另一方面坚持以实体经济需求为出发点，进一步拓宽票据创新业务和服务手段，提升票据服务实体经济的适配性和直达性。比如，部分机构深化金融科技在票据业务中的运用，将票据服务创新从贴现环节的秒贴服务延伸至票据承兑、支付结算、供应链融资等领域，进一步扩大票据服务半径，提升票据服务效率和融资便利；又如，部分机构运用智慧工具，对接潜在需求客户，加大对优质小微企业的精准滴灌和流动性支持；再如，部分机构面对新冠肺炎疫情，综合票据承兑、贴现、票据池等业务产品形成组合方案，支持企业复工复产，助力企业平稳渡过疫情难关和转型发展，为支持产业链供应链稳定、构建"双循环"新发展格局注入正能量。

2020年，在票据市场风险防控进一步加固、创新发展焕然一新的大背景下，认真总结和记录市场变化，可以为市场未来发展提供重要的历史资料和借鉴参考。《中国票据市场发展报告（2020）》由票交所联合18家金融机构共同编写，报告内容从票据市场总体运行情况、票据市场服务实体经济、风险防控机制建设以及票据市场产品创新和服务方式创新等几个方面展开，全面阐释了2020年票据市场发展新变化、新特点。

筹众之力，众行致远。发展报告是票交所和市场成员凝聚智慧、群策群力共同完成的珍贵成果，期待《中国票据市场发展报告（2020）》对促进票据市场规范健康发展能有所裨益。

上海票据交易所股份有限公司党委书记、董事长

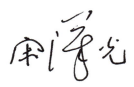

CONTENTS | 目录

第一部分

CHAPTER 1

票据市场总体运行情况

票据市场运行情况分析

2020年初，新冠肺炎疫情对国内外经济的平稳运行均造成明显的影响和冲击。在市场各方的共同努力下，票据市场快速恢复正常运行，充分发挥了传导政策、支持实体经济的市场功能，为宏观经济企稳回升发挥了积极的推动作用。全年票据市场业务总量148.24万亿元，同比增长12.77%。其中，承兑发生额22.09万亿元，同比增长8.41%；背书发生额47.19万亿元，同比增长1.55%；贴现发生额13.41万亿元，同比增长7.67%；交易发生额64.09万亿元，同比增长25.81%。全年票据转贴现加权平均利率为2.71%，同比下降60个基点；质押式回购加权平均利率为1.87%，同比下降64个基点；贴现加权平均利率为2.98%，同比下降47个基点。

一、票据市场总体运行情况

（一）票据市场全力抗击疫情、支持经济发展成效显著

1. 票据市场体现"抗疫担当"，有力支持企业复工复产。年初新冠肺炎疫情发生后，根据人民银行统一部署，上海票据交易所（以下简称票交所）迅速出台《关于进一步加强票据业务对新冠肺炎疫情防控工作支持服务的通知》（票交所发〔2020〕14号），通过提供特殊服务、启动应急机制、减免相关费用等，全力支

持抗疫工作，助推企业复工复产。在企业各类融资方式中，票据融资较快恢复到正常水平。3月，承兑、贴现业务量分别达2.47万亿元和1.81万亿元，较2月疫情高峰期分别增长91.26%和71.14%，快速恢复至往年同期水平。第一季度全市场票据承兑金额和贴现金额同比分别增长12.12%和22.26%，3月末票据承兑余额和贴现余额同比分别增长10.58%和13.19%。

2.票据业务持续向前端延伸，企业覆盖面进一步扩大。2020年，票交所上线供应链票据平台、建设完成跨境人民币贸易融资转让服务平台，持续推广标准化票据、"贴现通"和"票付通"等创新产品，深入推进商业汇票信息披露有关工作，并联合会员单位加强市场宣讲和业务拓展，进一步扩大票据市场服务半径，提升了票据市场对企业的覆盖面。全年企业用票金额[①]合计82.7万亿元，同比增长4.27%；用票企业家数[②]合计270.58万家，同比增长11.22%。其中，小微企业用票金额44.03万亿元，占比53.24%；小微企业用票家数250.31万家，占比达92.5%。

3.票据市场的区域结构稳定，对重点地区支持有力。从全年来看，东部地区票据业务总量占比65.0%，与上年基本持平；中部和西部地区占比分别为15.29%和14.59%，较上年均有所上升；东北地区占比为5.12%，较上年略有下降。在年初抗击疫情的关键时期，票据市场对湖北地区支持有力，有效推动该地区企业复工复产，实现区域经济企稳回升。3月，湖北地区票据业务总量达5 039.39亿元，较2月增长179.61%，同比增长7.9%；武汉市票据业务总量3 247.58亿元，较2月增长199.49%，同比增长5.37%。

4.重点行业用票增势明显，有效体现宏观政策导向和产业结构调整。2020年，医药生物业以及交通运输、仓储和邮政业两大抗疫主力行业用票金额分别增长5.13%和6.7%，较全行业增速分别高出0.86个和2.43个百分点。基础科学研究行业、能源（资源）行业和机械设备行业用票金额同比分别增长12.38%、9.75%和6.42%，市场占比均实现稳中有升。行业用票的发展变化充分体现了票据市场各参与主体在全力抗击疫情、推动复工复产中的担当和作为，也凸显了票据市场支持基础科学研究、落实绿色发展战略的工作实绩。

---

① 用票金额指承兑、背书和贴现发生额合计数。
② 用票企业家数指承兑、背书和贴现发生额对应的企业家数合计数。

5.商票签发占比明显提高，票据商业信用环境有所改善。2020年，商票签发金额3.62万亿元，同比增长19.77%；商票签发金额占比16.39%，较上年提升1.55个百分点（见图1-1）；商票签发平均面额为124.7万元，同比下降11.08%（见图1-2）。在

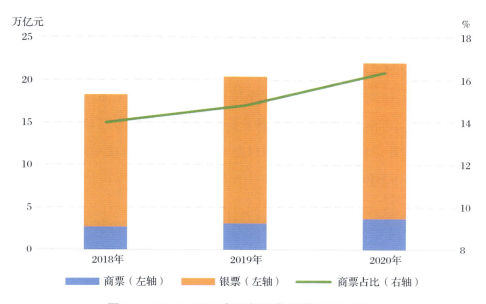

图1-1　2018—2020年票据签发规模及占比变化

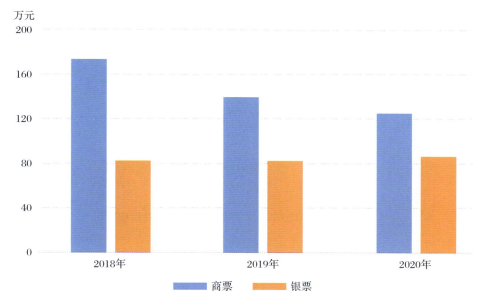

图1-2　2018—2020年票据签发平均面额变化

金融政策进一步向小微企业倾斜的情况下，商业银行通过"核心企业签发商票、产业链上企业商票贴现"的形式扩大对小微企业的融资覆盖，推动了商票业务的快速发展。同时，票据市场电子化程度、透明度不断提高，也为商票活跃度提升、票面金额小额化创造了良好的条件。

（二）银行等机构票据业务总体平稳，市场结构更趋均衡

1. 银票承兑规模稳中有升，不同类型机构市场占比有所分化。2020年，全市场银票承兑金额18.47万亿元（不同类型机构银票承兑情况见图1-3），同比增长6.43%。其中，国有商业银行和股份制商业银行承兑占比分别为17.17%和44.87%，市场份额均稳中有升；城市商业银行和农村金融机构承兑占比分别为26.63%和5.08%，同比分别下降1.19个和0.78个百分点。

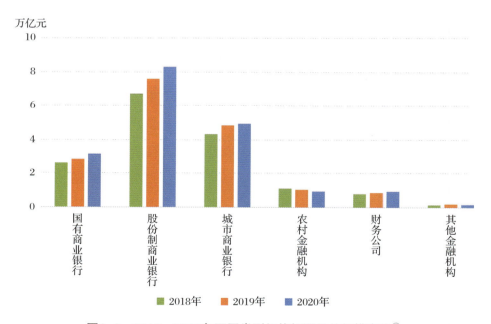

图1-3　2018—2020年不同类型机构银票承兑规模变化①

---

① 其他金融机构包括外资银行等，下同。

2.贴现规模同比增长，线上融资较为活跃。"贴现通"业务破除贴现市场信息壁垒，在全国范围内实现待贴现票据和待投放资金的精准匹配。2020年，"贴现通"业务新增5 100家贴现申请企业，接受委托报价票据21 512张，票面金额合计374.64亿元，其中17 604张票据达成贴现意向，票面金额合计323.18亿元。多家商业银行大力推动"秒贴"业务发展，客户从发起贴现申请操作到放款成功不到一分钟，有效破解传统票据业务中存在的询价流程长、操作步骤多、到账时间久、财务成本高等痛点，进一步推动贴现业务线上化、"零接触"发展，实现了疫情防控和业务拓展之间的有效平衡。在各项创新业务的带动下，全年票据贴现13.41万亿元，同比增长7.67%，其中商票贴现1.03万亿元，同比增长9.85%。分机构类型看，国有商业银行、股份制商业银行和城市商业银行贴现规模稳中有增，农村金融机构和财务公司贴现规模同比下降（见图1-4）。

图1-4　2018—2020年不同类型机构票据贴现规模变化

3.转贴现交易增长较快，中小机构交易活跃。2020年，全市场转贴现交易量为44.11万亿元，同比增长13.61%，增速与上年基本持平。股份制商业银行、城市商业银行和农村金融机构转贴现交易规模靠前，全年上述三类机构转贴现规模分别为19.13万亿元、13.62万亿元和9.25万亿元①（见图1-5），同比分别增长20.65%、13.79%和34.32%。

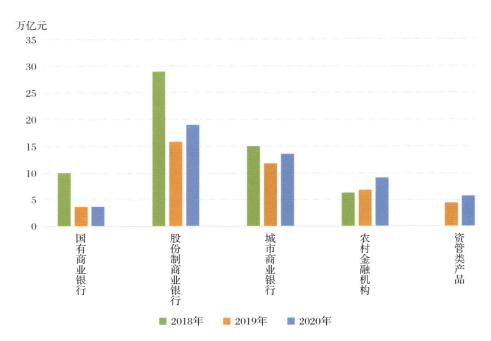

图1-5 2018—2020年不同类型机构转贴现交易规模变化

4. 票据回购交易总体活跃，质押融资功能持续增强。2020年，全市场回购量为19.98万亿元，同比增长64.87%，增速较上年略有回落。分机构类型看，国有商业银行回购量7.61万亿元②，同比增长31.35%；城市商业银行回购量19.66万亿元，同比增长118.94%；农村金融机构回购量5.46万亿元，同比增长57.81%；证券公司回购量1.89万亿元，同比增长458.36%；股份制商业银行回购量5.01万亿元，同比下降8.47%（见图1-6）。

---

① 分机构类型的转贴现交易量剔除了行内交易，并按照买入和卖出双边统计，下同。
② 分机构的回购量按照正回购和逆回购双边统计，下同。

图1-6 2018—2020年以来分机构类型票据回购规模变化

（三）票据利率总体下行，政策传导效率相对较高

1.转贴现利率和回购利率先降后升，与货币市场主要利率走势一致（见图1-7）。全年转贴现加权平均利率为2.71%，同比下降60个基点。转贴现利率自5月降

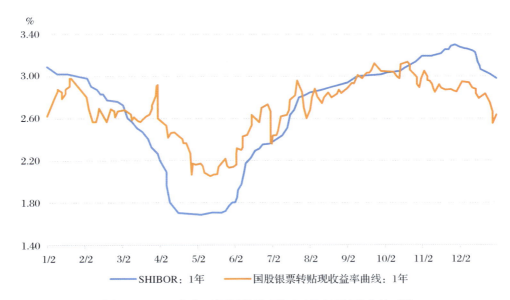

图1-7 2020年每日票据转贴现与SHIBOR利率走势对比

至2.29%的历史低位后，跟随货币市场其他利率品种持续抬升至10月的2.91%，年末有所回落。全年质押式回购利率为1.87%，同比下降64个基点。票据市场利率与货币市场其他利率走势紧密相关，3M、6M和12M转贴现利率与同期限的SHIBOR相关系数分别为0.68、0.80和0.89；1D票据回购利率与存款类机构质押式回购利率（DR001）相关系数达0.98，7D票据回购利率与DR007相关系数达0.80（见图1-8）。

图1-8　2020年每日票据质押式回购与存款类机构质押式回购利率走势对比

2. 票据贴现利率紧跟货币政策取向。贴现利率对货币信贷、宏观审慎等政策调整反应灵敏，全年走势也契合货币政策取向变化。2020年初以来，为应对突发疫情，央行多措并举降低企业综合融资成本，票据利率也降至2008年国际金融危机以来的低位。下半年随着疫情得到有效管控，经济复苏态势明显，贴现利率在第三季度有所回升，反映了经济稳中向好、政策回归中性的宏观态势。全年贴现利率较LPR（1年期）平均低92个基点，充分体现了票据服务实体经济、降低企业融资成本的市场优势。

二、"十三五"时期票据市场发展成就

"十三五"时期，随着票交所的成立以及全国性、电子化票据市场的形成，票据

市场初步实现了票据报价交易、登记托管、清算结算和数据信息的集中统一，全市场规范化、创新性发展水平显著提高，业务规模持续扩大，风险水平显著下降，票据服务实体经济能力和效率不断增强。

（一）从市场规模看，票据市场各项业务规模总体实现平稳增长

在系统功能不断完善、业务创新持续突破的情况下，"十三五"时期票据市场业务总量年均增长15.4%[①]，2020年业务总量超过148万亿元（见图1-9）。从业务品种看，2020年末，票据承兑余额14.09万亿元，占同期社会融资规模存量的比重为4.95%；票据贴现余额8.78万亿元，占同期企业人民币贷款余额的比重为8.09%；全年票据市场交易量64.09万亿元，较2017年增长22.83%。

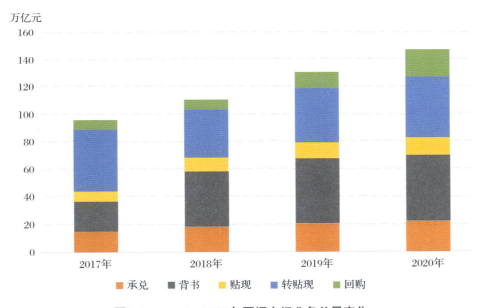

图1-9 2017—2020年票据市场业务总量变化

（二）从供求对接看，票据市场与实体经济的契合度明显增强

一方面，随着票据市场服务功能的持续优化，票据市场对企业覆盖面持续拓展。"十三五"期间，用票企业家数年均增长36.72%，2020年用票企业数量达270.6

_____

① "十三五"时期业务增速以2017年作为比较基准，下同。

万家（见图1-10），其中98%以上是中小微企业。另一方面，票据市场发展也充分反映了宏观经济的结构变化，有效服务国家总体战略布局和导向。分地区看，2020年东部地区用票金额占比较2017年下降1.55个百分点，而中西部地区用票金额占比则上升2.57个百分点；分行业看，2020年科学研究和技术服务业、制造业用票金额占比较2017年提高0.9个百分点，批发和零售业用票金额占比则下降5.1个百分点。

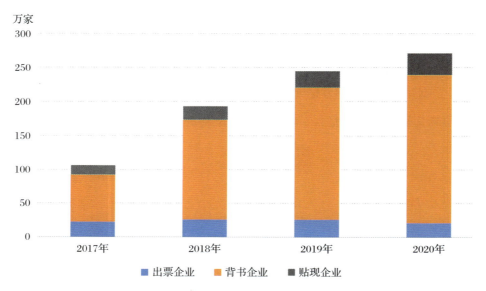

图1-10　2017—2020年用票企业数量变化

（三）从票据本身看，企业使用票据的便捷性和安全性显著提升

全国性、电子化的票据交易系统建成后，电票占比由"十三五"期初的50%左右上升到期末的99%，企业开展票据签发、承兑和背书等各项业务便捷度明显提升，传统纸票时代频发的伪假票据风险几乎销声匿迹。票据签发的平均面额由2017年的113万元下降到2020年的90万元，"十三五"时期票据背书金额年均增速达29.16%，这些都反映出票据对于企业特别是中小微企业群体更加友好，其支付和融资工具功能得到充分发挥。

三、趋势展望

2020年，票据市场运行总体平稳，各项业务稳中有增。在上半年抗击疫情的过程中，票据市场反应迅速，有效传导货币政策意图，快速有效扩大融资规模、降低贴现成本，有力支持企业复工复产和宏观经济企稳回升；在货币政策向常态回归后，票据市场业务增速高位回落，票据利率也随货币市场利率触底回升，实现了促发展与防风险的有效平衡，也进一步突出了票据市场服务实体经济的目标要求。

　　2021年是"十四五"的开局之年，我国经济将进入新的发展阶段，票据市场面临的政策环境和市场机遇都将发生新的变化。特别是在供应链金融重要性凸显、政策利好不断的情况下，票据在供应链金融创新发展的过程中大有可为；商业汇票信息披露制度落地、等分化票据项目建设加快推进等也为票据市场特别是商票市场的发展奠定了更加坚实的基础。下一阶段，各类票据市场主体将牢牢把握这一重要的发展机遇，统筹资源、共谋发展，切实推动票据市场各项业务创新、协调、可持续发展，为实体经济、中小微企业的转型发展提供更加有力的金融支持。

供稿单位：上海票据交易所

执　笔　人：罗丹阳　郭宏坚

票据支付情况分析

2020年，票据各项支付业务均呈现小幅上升的趋势。票据承兑业务量较2019年增长8.41%，背书业务量较2019年增长1.55%，较好地满足了企业用票支付需求。

一、票据支付总体情况

（一）各项支付业务均小幅上升

2020年，全国共发生商业汇票承兑2 452.93万张、金额22.09万亿元，其中承兑发生额较2019年增长8.41%；发生背书（电票）11 080.15万次、金额47.19万亿元，其中背书发生额较2019年增长1.55%（见表1-1）。

表1-1 2020年承兑和背书发生张数、发生额情况

业务量		承兑		背书（电票）	
		张数（万张）	金额（万亿元）	次数（万次）	金额（万亿元）
商业汇票		2 452.93	22.09	11 080.15	47.19
按介质	电子商业汇票	2 270.95	21.86	11 080.15	47.19
	纸质商业汇票	181.98	0.23	—	—

续表

业务量		承兑		背书（电票）	
		张数（万张）	金额（万亿元）	次数（万次）	金额（万亿元）
按种类	银行承兑汇票	2 162.48	18.47	10 675.46	44.51
	商业承兑汇票	290.44	3.62	404.69	2.68

（二）纸电票据支付呈规律性波动，商票承兑企业数量显著增加

从电子商业汇票每日承兑量和背书量及纸质商业汇票每日承兑量来看，企业办理电子商业汇票的承兑、背书业务量整体呈规律性波动（见图1-11）。其中，1月底至2月中旬受春节及疫情影响，企业经营活动停摆，支付业务量明显下滑。同时，月末因素影响明显，月末、季末均显著冲高。

纸质商业汇票方面，根据企业开户行在中国票据交易系统登记的承兑业务来看，纸质商业汇票的承兑量除2020年春节前增长迅猛达到高峰外，其余时间均在9亿元上下波动（见图1-11）。

图1-11　2020年电子商业汇票承兑和背书、纸质商业汇票承兑每日发生额情况

从票据市场的企业参与度看，与2019年相比，2020年参与票据签发的企业数量增长2.53%，参与商票承兑的企业数量增长14.18%，参与背书转让的企业数量增长11.24%（分月情况见图1-12）。

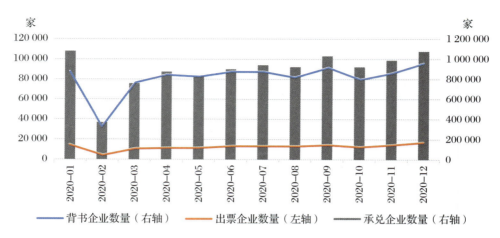

图1-12　2020年各月企业参与电子商业汇票业务情况

二、企业签发票据业务情况

（一）企业签发票据行业分布基本不变，个别行业企业票据签发金额波动较大

2020年，批发和零售业、制造业签发票据总额较大，合计占所有行业签发总额的66.64%，与2018年、2019年情况一致（见图1-13）。从各行业企业票据签发金额

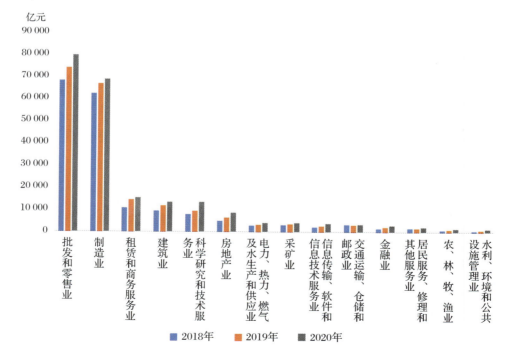

图1-13　近三年各行业企业票据签发金额情况

的增长率来看，2020年大部分行业的票据签发金额呈现增长态势。文化、体育和娱乐业，住宿和餐饮业，教育行业的经营情况受疫情影响较大，票据签发金额呈现不同程度的下降，卫生和社会工作行业票据签发金额增长率较2019年显著上升（见图1-14）。

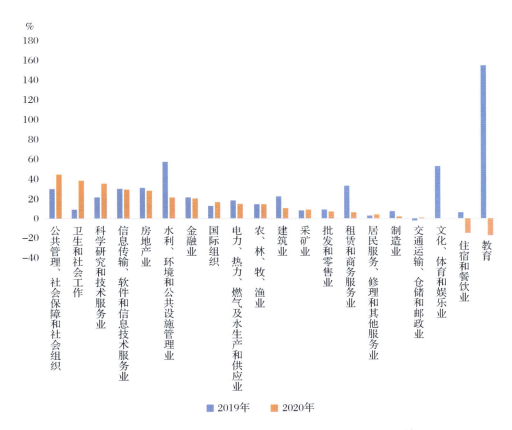

图1-14　2019—2020年各行业企业票据签发金额增长率情况

（二）小微企业票据签发金额较高，年初年末签发量大

从不同规模企业每月的票据签发金额来看，2020年小微企业、大型企业、中型企业票据签发金额占各规模企业票据签发总额的比例分别为41.26%、33.28%和25.46%。各规模企业票据签发金额呈现年初和年末签发量大、年中趋于平稳的趋势（见图1-15）。

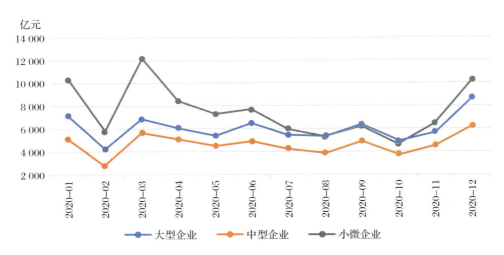

图1-15　2020年不同规模企业每月票据签发金额情况

（三）商票签发金额稳中有升，大型企业商票签发金额占比较高

2020年，商票签发金额3.62万亿元，占比16.39%，较上年提升1.55个百分点。从各规模企业来看，中型企业签发票据中商票占比保持平稳，小微企业和大型企业签发票据中商票占比呈现稳中有升的趋势。其中，大型企业签发商票占比较高，在12月达到了28.67%，小微企业、中型企业次之（见图1-16）。

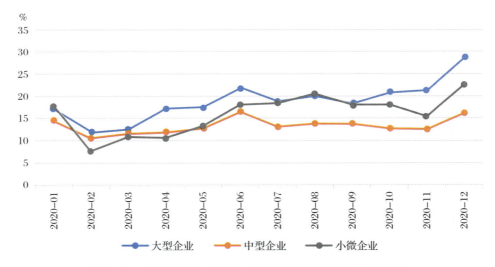

图1-16　2020年不同规模企业每月商票签发金额占比情况

三、企业间背书转让业务情况

（一）背书活跃度整体保持平稳

从背书票据张数来看，2020年每月票据背书张数平均为316.04万张，与2019年相比增长9.26%。同时，单张票据背书次数整体较为平稳，平均为2.88次/张，与2019年相比下降3.36%（分月情况见图1-17）。

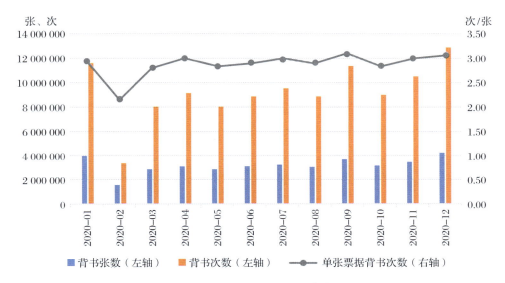

图1-17　2020年电子票据各月背书活跃度

（二）背书企业参与背书的频次与2019年相比持平

从背书企业参与背书的频次分析，2020年平均每家背书企业参与背书的频次呈现稳步增加的态势（见图1-18），平均为每家企业每月背书10.23次，与2019年持平。

图1-18 2020年各月企业参与背书情况

（三）银商票企业间流动性保持显著差异

受承兑人信用主体的影响，一直以来，银票和商票在企业间的流动性有显著差异，银票每月背书频次约为商票背书频次的两倍（见图1-19）。商票流动性的提升还需要借助企业信用环境透明度的不断提高和企业信用评级体系的健全完善。

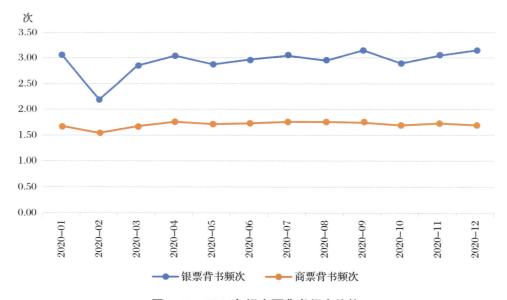

图1-19 2020年银商票背书频次趋势

供稿单位：上海票据交易所

执 笔 人：倪宏侃 杨 阳

20

票据贴现和托管情况分析

2020年，全国票据贴现总量13.41万亿元，同比增长7.67%；全年票据贴现承兑比为60.71%，同比下降0.42个百分点。

2020年末，全国共有12 118家市场参与者托管票据340.05万张，托管票据数量较上年末增长8.21%；托管余额8.88万亿元，较上年末增长7.58%。

一、票据贴现市场运行情况

（一）贴现规模稳步上升

2020年，全国票据贴现总量13.41万亿元，同比增长7.67%；加权平均贴现利率为2.98%，同比下降0.47个百分点；贴承比为60.71%，同比下降0.42个百分点。全年贴现量最高点在3月，贴现总额1.81万亿元，主要受票据市场全力助推企业复工复产和季末效应等多重因素影响（见图1–20）。第二、第三季度贴现量呈缓慢下滑趋势，逐步回归常态。12月贴现量再次上升，回归至高位水平。

从贴现票据种类来看，银行承兑汇票张数占比为95.76%，同比下降0.81个百分点；金额占比92.13%，同比下降0.16个百分点；平均票面金额176万元，同比增长3.46%。商业承兑汇票平均票面金额332万元，同比下降15.19%。

中国票据市场发展报告（2020）

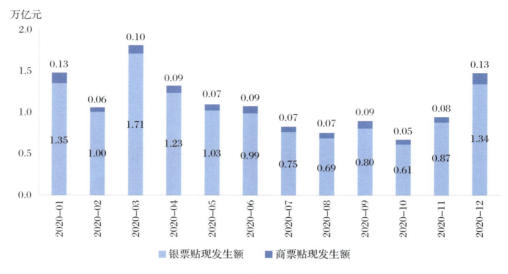

图1-20　2020年各月贴现发生额

从贴现票据介质来看，电子票据张数占比98.83%，同比增加2.03个百分点；金额占比99.77%，同比增加0.38个百分点（见表1-2）；平均票面金额185万元，同比增长1.04%。纸质票据平均票面金额35.81万元，同比增长5.65%。

表1-2　2020年票据贴现情况（按种类和介质）

票据类别	张数（万张）	张数占比（%）	金额（万亿元）	金额占比（%）
银票	701.93	95.76	12.38	92.30
商票	31.08	4.24	1.03	7.70
电票	724.43	98.83	13.38	99.77
纸票	8.58	1.17	0.03	0.23

（二）有力支持企业融资

一是票据在支持小微企业融资上发挥了突出作用。2020年受到新冠肺炎疫情的冲击，小微企业生产经营变得更加困难，票据作为企业融资手段之一，在助推小微企业复工复产、提高融资可得性及降低融资成本方面发挥了突出作用。2020年，小微企业票据贴现金额总计近7.70万亿元（占比为57.37%），同比增长4.42%（见图1-21）；平均贴现利率为3.02%，同比下降49个基点，共计为小微企业减少利息支出近380亿元。

22

图1-21 2019—2020年各规模企业票据贴现情况

二是票据融资重点支持行业契合宏观政策导向。推动形成"双循环"新发展格局,是我国当前及未来一段时间经济发展的首要任务。2020年,批发和零售业、制造业、科学研究和技术服务业企业通过票据贴现分别实现融资5.41万亿元、3.73万亿元和1.04万亿元(合计占比75.90%),位居全部行业前三(见图1-22),有力地支

图1-22 2020年各行业企业票据贴现融资情况

持了扩大内需战略和制造业转型升级的实施，是关于优化信贷结构，支持制造业、科技创新等经济社会发展重点领域有关要求的具体体现。

（三）不同类型机构贴现业务分化

股份制商业银行贴现量最多。2020年贴现票据中，贴现机构以股份制商业银行、国有商业银行和城市商业银行为主，张数合计占比74.93%（见图1-23），同比减少9.19个百分点；金额合计占比84.94%（见图1-24），同比增加0.79个百分点。

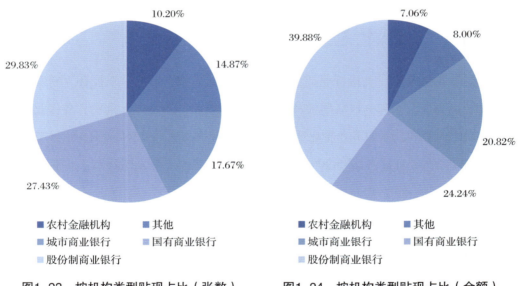

图1-23　按机构类型贴现占比（张数）　　　图1-24　按机构类型贴现占比（金额）

农村金融机构贴现量有所下降。2020年，农村金融机构贴现量连续四个季度下滑，全年贴现金额占比7.06%，同比减少4.02个百分点，主要是受贴现业务区域化经营监管政策的限制以及其本身资金成本相对较高等因素影响。

民营银行贴现业务增速较快。2020年，民营银行贴现量呈现逐季递增的现象（见图1-25），且贴现平均票面金额是各类型机构中最低的，主要是其经营策略灵活、主张科技赋能，与互联网平台合作推出线上、跨行贴现等业务，吸引了数量众多的中小微企业客户。

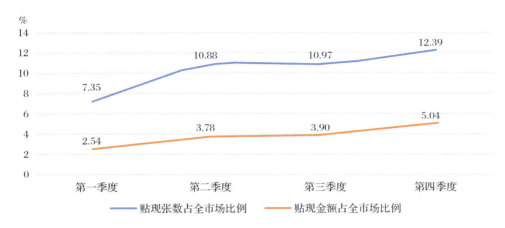

图1-25　民营银行贴现占比情况

贴现机构地区集中度较高，前三大省份贴现量占比约四成。全年贴现机构所属省份主要分布在浙江、江苏和广东等东部省份，张数合计占比43.87%，同比增加1.04个百分点；金额合计占比39.36%，同比增加4.01个百分点。

（四）贴现票面金额小额化

2020年，贴现票面金额在100万元（含）以下的张数占比75.27%（见图1-26），同比减少1.23个百分点；金额占比13.39%（见图1-27），同比减少0.01个百分点。

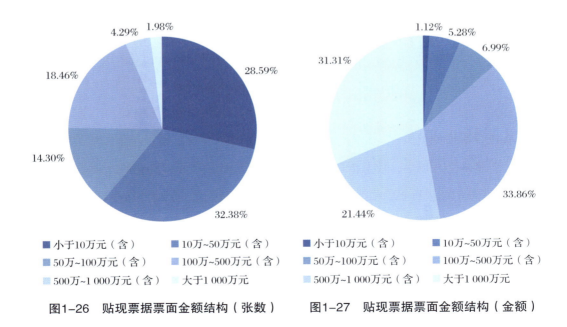

图1-26　贴现票据票面金额结构（张数）　　　图1-27　贴现票据票面金额结构（金额）

500万元以上的张数占比6.27%，同比减少0.05个百分点；金额占比52.75%，同比减少3.36个百分点。

二、票据托管运行情况

（一）托管总量较上年末有所增长

2020年末，全国共有12 118家（较上年末增加1 381家，增长12.86%）市场参与者托管票据340.05万张，托管票据数量较上年末增长8.21%；托管余额8.88万亿元，较上年末增长7.58%（见图1-28）；平均票面金额261.01万元，较上年末下降0.76%。

图1-28　2019年以来月度票据托管余额

从托管票据种类来看，银行承兑汇票张数占比94.54%，较上年末减少1.14个百分点；金额占比91.09%，较上年末减少0.58个百分点；平均票面金额251.49万元，较上年末下降0.01%。商业承兑汇票平均票面金额425.68万元，较上年末下降15.91%。

从托管票据介质来看，电子票据张数占比99.28%，较上年末增加0.77个百分点；金额占比99.82%，较上年末增加0.11个百分点（见图1-3）；平均票面金额262.43万元，较上年末下降1.24%。纸质票据平均票面金额63.92万元，较上年末增加26.95%。

表1-3　2020年末票据托管余额（按种类和介质）

票据类别	张数	张数占比（%）	金额（亿元）	金额占比（%）
银票	3 214 768	94.54	80 848.26	91.09
商票	185 755	5.46	7 907.22	8.91
电票	3 376 099	99.28	88 599.37	99.82
纸票	24 424	0.72	156.12	0.18

（二）不同类型机构持票结构总量调整

2020年末，从持有者类型来看，股份制商业银行、国有商业银行、农村金融机构、城市商业银行票据持有余额居前（不同类型机构持票情况见图1-29和图1-30），张数合计占比92.56%，较上年末减少1.24个百分点；金额合计占比90.52%，较上年末减少0.9个百分点。

农村金融机构持有银票余额居首位，金额占比24.82%（见图1-30），较上年末上升1.42个百分点。国有商业银行持有银票降幅较为明显，金额占比24.73%，较上年末减少5.79个百分点，一部分原因在于部分银行调整经营策略，整体压缩票据规模，另一部分原因在于部分银行为增加收益加大了商票的持有量。

商业承兑汇票持有主体以股份制商业银行和城市商业银行为主。其中，股份制商业银行持有占比过半，金额占比52.11%，较上年末上升10.83个百分点；城市商业银行持有金额占比16.06%，较上年末下降1.92个百分点。

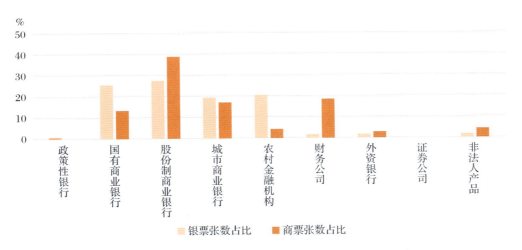

图1-29　2020年末票据持有者类型结构（张数占比）

中国票据市场发展报告（2020）

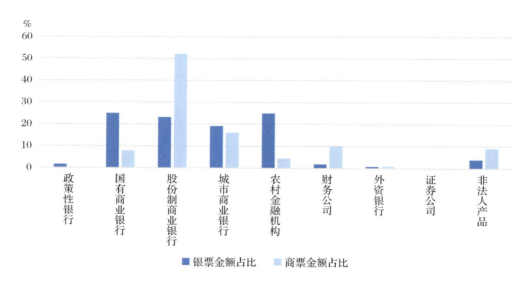

图1-30 2020年末票据持有者类型结构（金额占比）

2020年末，票据持有机构所属省份仍集中在广东、江苏、浙江、上海和北京（分省情况见图1-31和图1-32），张数合计占比48.59%，较上年末增加1.72个百分点；金额合计占比46.42%，较上年末增加2.34个百分点。

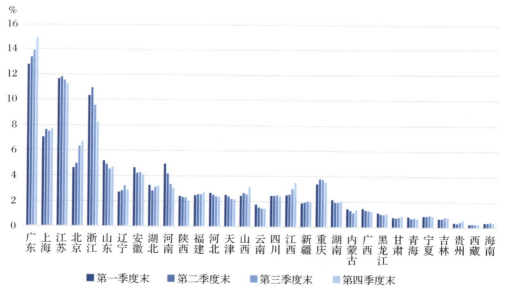

图1-31 2020年以来季末票据持有者省份结构（张数占比）

28

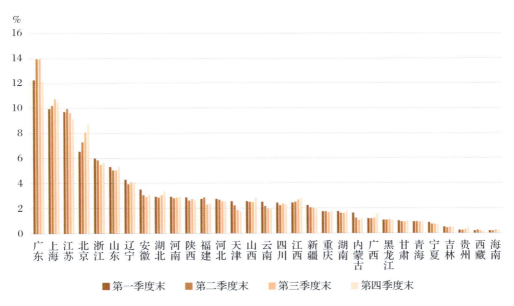

图1-32　2020年以来季末票据持有者省份结构（金额占比）

供稿单位：上海票据交易所

执　笔　人：李　麟　张　赟　李泽源　徐　哲

票据交易情况分析

2020年，票据市场交易总量64.09万亿元，同比增长25.81%，增速比上年高3.8个百分点。其中，转贴现交易量44.11万亿元，同比增长13.61%，占市场交易总量的68.82%；回购交易量19.98万亿元，同比增长64.87%，占市场交易总量的31.18%。2020年，转贴现交易期限以6M和1Y为主，合计占比超过6成；回购交易期限以隔夜与7天期限为主，合计占比超过8成。票据转贴现和回购交易利率均呈现先降后升趋势。

一、票据交易量持续增长，票据交易活跃

从交易量月度情况来看，月度间有所波动。3月和4月交易最为活跃，单月交易量均超过7.5万亿元，3月交易量同比增长51.81%，4月交易量同比增长70.56%；5月和12月交易量均在6万亿元左右，5月交易量继3月和4月高速增长之后增速有所放缓，同比增长35.77%，12月为年末，交易较为活跃，同比增长53.18%；6月、7月和9月交易量均在5万亿元左右，其中，6月为半年末，9月为季度末，交易量同比分别增长37.26%和34.67%，7月交易量同比增长0.86%；1月、2月、8月、10月和11月交易量均在4万亿元左右，其中，受春节和新冠肺炎疫情因素影响，1月和2月交易量合计8.18万亿元，同比下降12.82%；8月、10月和11月交易量同比增速均低于20%，分别为16.56%、18.76%和19.72%（见图1-33）。

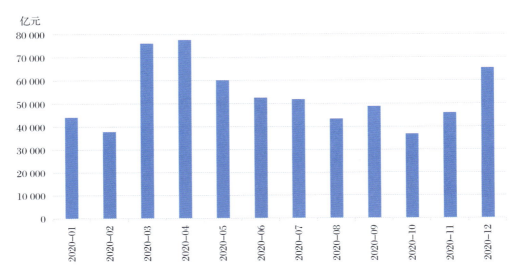

图1-33　2020年每月票据交易情况

从单日交易量变化来看，2020年日均票据交易量2 581.07亿元，同比增长26.66%。其中，单日交易量最大值为4 846.47亿元，出现在3月27日，创纸电票据交易融合以来新高；单日交易量最小值为286.91亿元，出现在1月23日，为春节前最后一个交易日（见图1-34）。

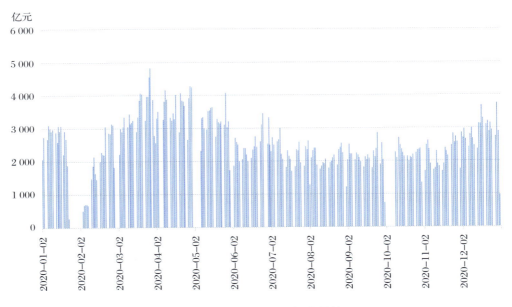

图1-34　2020年单日票据交易情况

从单日交易量分布来看，全年共有249个交易日，单日交易量在2 000亿~3 000亿元的有133个交易日；单日交易量在4 000亿元以上的有10个交易日，主要集中在交易最为活跃的3月至4月；单日交易量在1 000亿元以下的有8个交易日，主要集中在9月末、12月末和春节假期前后，时点特征明显（见图1–35）。

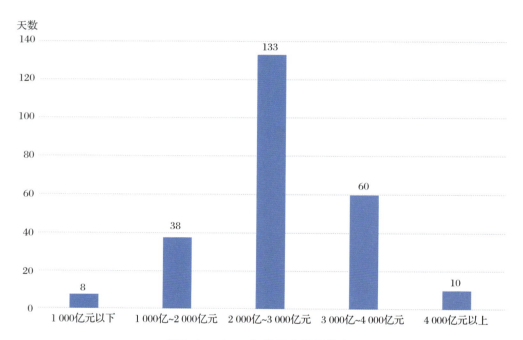

图1–35　2020年单日交易量分布

二、转贴现交易稳定增长，以银票转贴现和6M以上期限品种为主

2020年，转贴现交易量44.11万亿元，同比增长13.61%，增速比上年高1.04个百分点；占市场交易总量的68.82%，比上年低7.39个百分点。

从票据类别来看，2020年银票转贴现交易量40.96万亿元，同比增长14.2%；占转贴现交易量的92.87%，比上年高0.48个百分点。商票转贴现交易量3.15万亿元，同比增长6.5%；占转贴现交易量的7.13%，比上年低0.48个百分点（分月情况见图1–36）。

图1-36　2020年转贴现交易情况

　　从票据内外部交易来看，2020年转贴现内部交易量17.16万亿元，同比增长1.04%；占转贴现交易量的38.9%，比上年低4.84个百分点。前10个月每月转贴现内部交易占比整体呈下降趋势，11月起略有回升（见图1-37）。

图1-37　2020年转贴现交易情况（按内外部交易）

从期限结构来看，2020年转贴现交易期限品种主要集中在6M以上，6M和1Y转贴现交易量占比分别为27.25%和32.91%，两者合计占比超过6成（见表1-4），与上年基本一致。

表1-4 2020年转贴现交易情况（按期限品种）

期限品种	交易笔数（笔）	交易量（亿元）	交易量占比（%）
1M	42 105	46 044.97	10.44
3M	63 117	51 669.71	11.71
6M	169 776	120 211.96	27.25
9M	43 088	78 008.99	17.69
1Y	143 724	145 130.87	32.91
合计	461 810	441 066.50	100.00

从月度加权平均利率来看，票据转贴现月度加权平均利率全年先降后升（见图1-38）。1月至5月，转贴现利率总体下行，由1月的3.04%下降至5月的2.29%，达到纸电票据交易融合以来的最低值，累计下降75个基点。从5月下旬起，随着市场流动性逐渐收紧，转贴现利率持续回升，10月达到2.91%。11月和12月，市场流动性有所缓和，转贴现利率回落。贴现利率与转贴现利率走势总体相似，上半年平均价差约18.59个基点，下半年价差有所扩大，约30.99个基点。

图1-38 2020年贴现利率、转贴现利率走势

从各期限利率来看，1M银票转贴现利率与1Y银票转贴现利率走势大体相同，前者波动更大，全年均呈现先降后升趋势，在春节前和季末等特殊时点，利率短期波动明显（见图1-39）。自5月下旬起，转贴现利率持续上涨，1M转贴现利率上涨较快，与1Y转贴现利率在6月下旬出现倒挂。票据转贴现利率与同期限SHIBOR走势大体一致，但由于票据市场利率影响因素较多，除市场流动性之外，还受到票源供给和信贷规模等因素影响，因此，在部分时期走势存在差异，如3月上旬，票据市场买入需求旺盛，票据转贴现利率下行，但3月下旬以来，受季末因素影响，转贴现利率逐渐走高，而同期限SHIBOR在3月呈单边下行的走势。

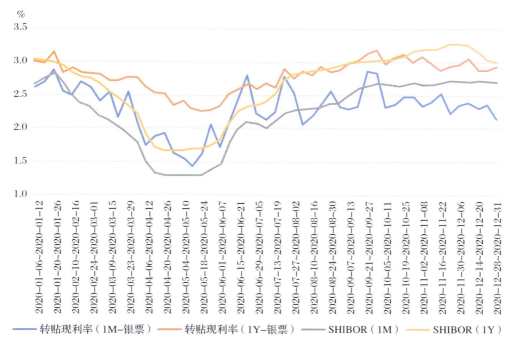

图1-39　2020年转贴现利率与SHIBOR比较

三、回购交易量明显增长，以隔夜和7天期限品种为主

2020年，回购交易量19.98万亿元，同比增长64.87%，增速比上年低5.23个百分点；占市场交易总量的31.18%，比上年高7.39个百分点。其中，质押式回购交易量19.54万亿元，同比增长62.26%；买断式回购交易量4 444.70亿元，同比增长

462.92%。

从期限结构来看，2020年回购交易短期特征显著。在质押式回购交易方面，隔夜与7天期限质押式回购交易量15.73万亿元，占比达80.52%（见表1-5），比上年高6.5个百分点，除1月、4月、5月和10月之外，其余各月占比均超过80%，其中，7月占比达85.33%（见图1-40），创纸电票据交易融合后新高。

表1-5　2020年质押式回购交易情况（按期限品种）

期限品种	交易笔数（笔）	交易量（亿元）	交易量占比（%）
O/N	22 555	110 107.37	56.35
1W	11 400	47 220.82	24.17
2W	3 615	13 991.40	7.16
1M	2 995	11 302.43	5.78
3M	1 945	8 362.93	4.28
6M及以上	893	4 413.88	2.26
合计	43 403	195 398.83	100.00

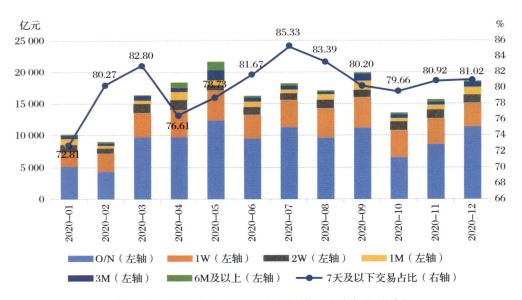

图1-40　2020年质押式回购交易情况（按期限品种）

在买断式回购交易方面，隔夜与7天期限买断式回购交易量3 321.08亿元，占比达74.72%（见表1-6），4月和第四季度各月占比均超过84%，其中，11月和12月占比均超过92%（见图1-41）。

表1-6　2020年买断式回购交易情况（按期限品种）

期限品种	交易笔数（笔）	交易量（亿元）	交易量占比（%）
O/N	524	1 871.65	42.11
1W	480	1 449.43	32.61
2W	137	390.85	8.79
1M	109	346.17	7.79
3M	72	265.49	5.97
6M及以上	27	121.10	2.73
合计	1 349	4 444.70	100.00

图1-41　2020年买断式回购交易情况（按期限品种）

从交易利率来看，2020年票据市场回购利率与同期限银行间市场债券回购利率走势基本一致，均呈先降后升趋势（见图1-42）。票据市场隔夜质押式回购利率最低值为4月的1.18%，7天和3个月期限质押式回购利率最低值均出现在5月，分别为1.31%和1.26%，均为纸电票据交易融合以来的新低。除7天期限外，票据市场隔夜和3个月期限质押式回购利率总体高于同期限银行间市场债券质押式回购利率。

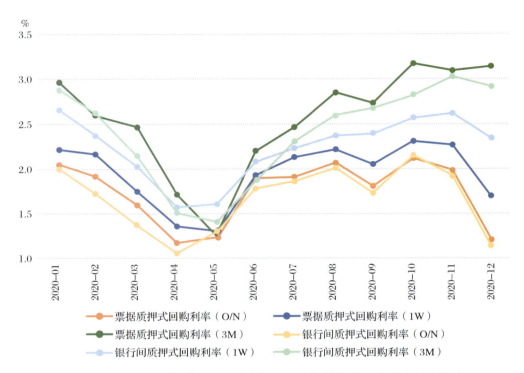

图1-42 2020年质押式回购利率与银行间市场债券质押式回购利率比较

四、交易主体数量稳步增长

从市场参与者数量来看，截至2020年末，通过中国票据交易系统开展交易的会员单位数量累计为2 209家，系统参与者数量为9 899家。其中，2020年度开展交易的会员单位数量为2 068家，同比增长8.96%；系统参与者数量为8 872家，同比增长7.75%（分月情况见图1-43）。

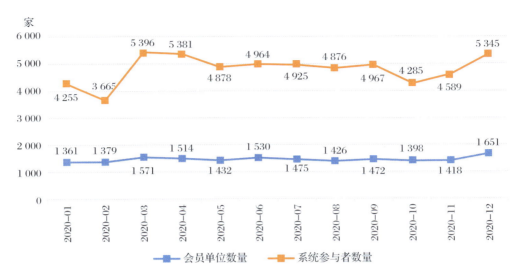

图1-43 2020年参与交易的市场参与者数量

从交易主体类型来看，2020年，国有商业银行、股份制商业银行和城市商业银行是最主要的市场参与主体，参与的交易占市场交易总量的8成以上（见表1-7）。其中，国有商业银行交易量23.2万亿元，占市场交易总量的18.1%，比上年低0.99个百分点；股份制商业银行交易量40.68万亿元，占市场交易总量的31.73%，比上年低7.96个百分点；城市商业银行交易量38.84万亿元，占市场交易总量的30.30%，比上年高5.23个百分点。

表1-7 2020年交易主体类型分布情况（交易量按双边统计）

机构类型	交易量（亿元）	分布比例（%）	
		2020年	2019年
政策性银行	3 104.10	0.24	0.22
国有商业银行	232 001.77	18.10	19.09
股份制商业银行	406 841.78	31.73	39.69
城市商业银行	388 401.22	30.30	25.07
农村金融机构	147 908.40	11.52	10.27
外资银行	4 396.43	0.34	0.14
财务公司	4 480.11	0.35	0.13

续表

机构类型	交易量（亿元）	分布比例（%）	
		2020年	2019年
非银机构自营	38 901.10	3.00	2.31
非法人产品	55 801.54	4.38	3.03
总计	1 281 836.45	100.00	100.00

在转贴现交易中，农村金融机构是主要的票据净买入方，股份制商业银行是主要的票据净卖出方（见图1-44）。在回购交易中，城市商业银行和非银机构自营是主要的资金净融入方，国有商业银行是主要的资金净融出方（见图1-45）。

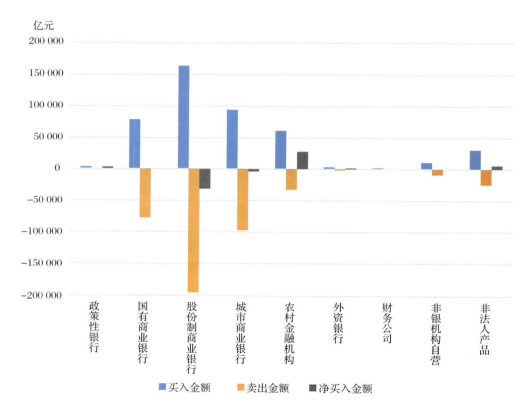

图1-44 2020年转贴现交易票据买入卖出情况（交易量按双边统计）

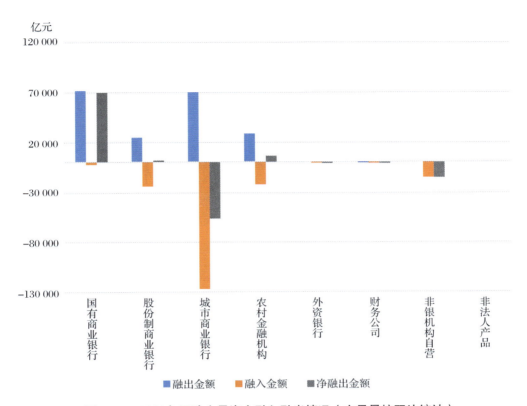

图1-45　2020年回购交易资金融入融出情况（交易量按双边统计）

供稿单位：上海票据交易所

执 笔 人：汤莹玮　王培虎　王馨苒

票据清算结算情况分析

2020年，票据业务结算量总体平稳增长，电票结算业务量继续走高，纸电票据结算量差距继续扩大。各业务种类结算量均有所增长，交易业务结算量增速相对较快。票交所资金账户数量小幅增长，结算业务量增长明显。

一、票据清算结算总体情况

（一）票据业务结算量同比增长，电票占比进一步提高

2020年，票交所累计办理票据业务DVP结算1 922.69万笔、金额85.76万亿元，结算金额同比增长37.17%（分月情况见图1-46）。

按票据介质区分，电票业务DVP结算1 912.01万笔、金额85.72万亿元，结算金额同比增长37.55%，结算笔数和结算金额分别占总量的99.44%和99.95%，分别较上年提升1.04个和0.28个百分点；纸票业务DVP结算10.68万笔、金额0.04万亿元，分别占总量的0.56%和0.05%，结算金额同比下降79.58%（见表1-8）。

图1-46　2020年票据业务DVP结算情况

表1-8　2020年票据业务DVP结算情况（按票据种类和票据介质）

分类	笔数（万笔）	金额（万亿元）	笔数占比（%）	金额占比（%）
电子银行承兑汇票	1 749.12	82.35	90.97	96.02
电子商业承兑汇票	162.89	3.37	8.47	3.93
纸质银行承兑汇票	9.88	0.035	0.51	0.04
纸质商业承兑汇票	0.80	0.006	0.04	0.01

（二）票据业务结算呈现交易类业务金额大、非交易类业务笔数多的特点

2020年，交易类业务DVP结算32.96万笔、金额67.59万亿元，分别占总量的1.71%和78.81%，结算金额同比增长44.95%；非交易类业务结算1 889.73万笔、金额18.17万亿元，分别占总量的98.29%和21.19%，结算金额同比增长14.33%（见表1-9）。

表1-9　2020年票据业务DVP结算情况（按业务种类区分）

业务类型	结算笔数（万笔）	结算金额（万亿元）	结算笔数占比（%）	结算金额占比（%）
转贴现	24.01	27.67	1.25	32.26
质押式回购	8.69	39.08	0.45	45.57

续表

业务类型	结算笔数（万笔）	结算金额（万亿元）	结算笔数占比（%）	结算金额占比（%）
买断式回购	0.26	0.84	0.01	0.97
交易业务小计	32.96	67.59	1.71	78.81
贴现	7.89	0.18	0.41	0.21
到期托收	1 881.17	17.88	97.84	20.85
追索	0.67	0.12	0.03	0.14
非交易业务小计	1 889.73	18.17	98.29	21.19
总计	1 922.69	85.76	100.00	100.00

从笔均结算金额来看，非交易类业务笔均结算金额96.17万元，同比下降4.34%；交易类业务笔均结算金额2.05亿元，同比增长3.41%。

（三）通过支付系统办理票据业务量保持增长

2020年，票交所系统通过大额支付系统共办理即时转账业务0.19亿笔、金额83.20万亿元，金额同比增长36.48%；发起汇兑业务往账2.2万笔、金额5.42万亿元，金额同比增长75.40%；来账2.14万笔、金额5.49万亿元，金额同比增长71.56%。

二、资金账户开户及结算情况

（一）资金账户数量增幅放缓

截至2020年末，票交所资金账户累计开户数量达944户，较上年末增加99户，同比增长11.72%，增速较上年末下降36.53个百分点。其中，法人机构资金账户497户，占资金账户总量的53%，包括银行类金融机构资金账户204户、财务公司资金账户226户、其他非银类金融机构资金账户67户；非法人产品资金账户447户，占资金账户总量的47%（见图1-47）。

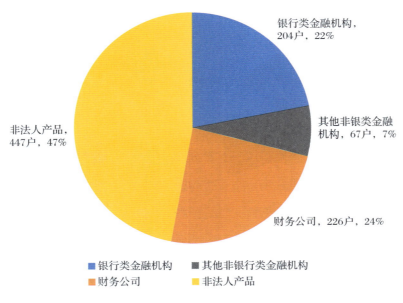

图1-47 资金账户开户类型

（二）资金账户总体活跃，结算业务量快速增长

一是资金账户结算业务量占比提升。2020年，金融机构通过资金账户完成票据业务结算65.40万笔、金额13.05万亿元，结算金额同比增长115.62%。结算笔数和金额分别占DVP结算总量的3.40%和15.22%，分别较上年提升0.84个和5.54个百分点。

二是资金账户交易业务结算量占比更大、增速更快。2020年，使用资金账户完成的交易业务结算5.40万笔、金额11.78万亿元，结算金额同比增长125.24%，较全市场交易结算金额增幅高80.29个百分点。资金账户交易业务结算金额占资金账户结算金额总量的90.13%（见图1-48），较全市场交易业务结算金额占比高11.32个百分点。按业务种类区分，使用资金账户完成的转贴现业务结算3.51万笔、金额7.15万亿元；质押式回购业务结算1.67万笔、金额3.96万亿元；买断式回购业务结算2 165笔、金额0.67万亿元。

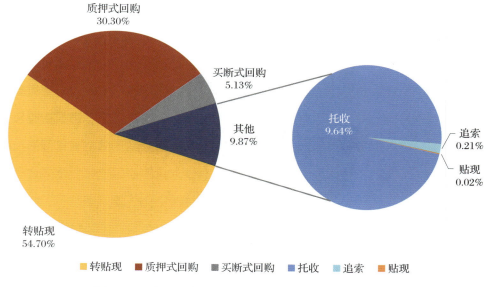

图1-48　资金账户业务结算业务种类结构情况（金额）

三是财务公司ECDS线上清算功能推广促进非交易业务结算量增长。2020年，使用资金账户完成非交易业务结算59.97万笔、金额1.29万亿元，结算金额同比增长60.10%，上述增长主要来自财务公司线上清算功能推广。票交所自2019年10月起组织财务公司开通ECDS线上清算功能，通过票交所资金账户办理ECDS贴现、托收等票据业务线上清算。截至2020年末，累计有76家财务公司开通ECDS线上清算功能。2020年，财务公司通过资金账户办理ECDS线上清算业务20.14万笔、金额2 176.27亿元。

供稿单位：上海票据交易所

执　笔　人：张艳宁　冯达妮　童相新

票据市场参与者情况分析

2020年，票据市场参与者总体保持稳中有升，参与者类型结构、地域分布等方面与2019年基本一致，新增标准化票据存托机构参与者支持创新业务发展。

一、机构接入总量稳步上升

截至2020年末，中国票据交易系统（以下简称交易系统）共接入会员3 022家，较上年末增加109家；系统参与者104 126家，较上年末增加2 504家（见表1-10）。

表1-10　交易系统会员及系统参与者分类统计情况

机构类型		会员数量（家）	占比（%）	系统参与者数量（家）	占比（%）
银行类	政策性银行	3	0.10	2 114	2.03
	国有商业银行	6	0.20	57 258	54.99
	股份制商业银行	12	0.40	10 858	10.43
	城市商业银行	134	4.43	14 193	13.63
	外资银行	49	1.62	567	0.54
	农村商业银行	1 383	45.76	15 252	14.65
	农村信用社	584	19.32	2 011	1.93

续表

机构类型		会员数量（家）	占比（%）	系统参与者数量（家）	占比（%）
银行类	村镇银行	384	12.71	974	0.94
	农村合作银行	24	0.79	48	0.05
	民营银行	20	0.66	20	0.02
非银类	财务公司	233	7.71	263	0.25
	证券公司	49	1.62	49	0.05
	基金公司	3	0.10	3	0.00
	信托公司	2	0.07	2	0.00
	资产管理公司	12	0.40	12	0.01
资管类（非法人产品）	证券公司	41	1.36	132	0.13
	基金公司	7	0.23	7	0.01
	资产管理公司	35	1.16	232	0.22
资管类（标准化票据产品）	商业银行	14	0.46	50	0.05
	证券公司	26	0.86	76	0.07
	票交所	1	0.03	5	0.00
总计		3 022		104 126	

二、机构类型分布结构稳定，银行类金融机构在会员及系统参与者数量上占绝对主导

（一）银行类会员中大型商业银行系统参与者数量占比超8成，农村金融机构[1]会员数量占比超9成

截至2020年末，银行业金融机构共接入银行类会员2 599家，系统参与者103 295家，分别占接入总数的86.00%和99.20%；较上年末分别新增会员38家、系统参与者2 356家，分别占2020年新增总量的34.86%和94.09%（见图1-49）。

---

[1] 农村金融机构是指农村商业银行、农村合作银行、农村信用社以及村镇银行。

其中，农村金融机构法人数量的占比达91.38%，国有商业银行、政策性银行、股份制商业银行以及城市商业银行等大型金融机构系统参与者数量占比达81.73%。

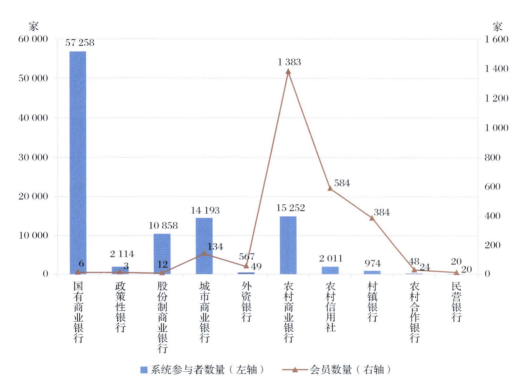

图1-49 银行类金融机构分类情况

（二）非银行类金融机构接入平稳增长

截至2020年末，非银行类金融机构共接入349家（不含标准化票据产品），较上年增长8.05%。其中，33家机构同时申请非银类会员和资管类会员，因此共接入非银类会员299家（见图1-50）、资管类会员83家（见图1-51）。

图1-50 非银类会员分类情况

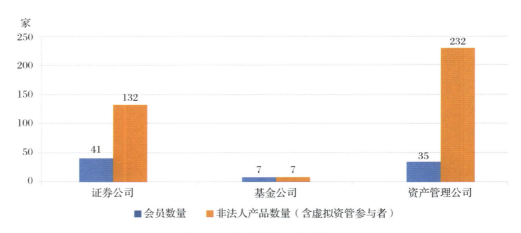

图1-51 资管类会员分类情况

（三）新增接入标准化票据存托机构，支持创新业务发展

2020年7月28日，标准化票据产品业务正式落地。全年交易系统共接入存托机构40家，其中商业银行接入14家，系统参与者50家；证券公司接入26家，系统参与者76家（见图1-52）。14家商业银行中，包括国有商业银行2家、股份制商业银行8家、城市商业银行4家。

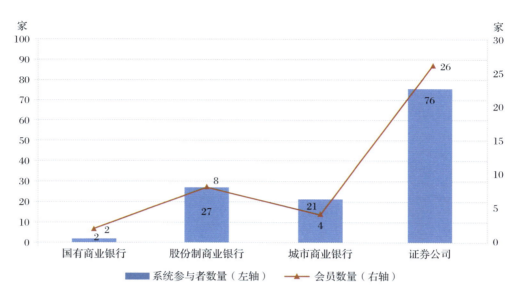

图1-52　存托机构分类情况

三、会员及系统参与者地区分布情况与经济发展情况高度相关

截至2020年末，江苏、浙江、广东的系统参与者数量占比最高（见图1-53），分别占总量的9.75%、9.48%和7.66%，与经济发展情况正相关。贵州、甘肃、青海、

图1-53　法人机构及系统参与者地区分类

宁夏及西藏等西部地区会员与系统参与者接入数量均较少，反映出经济欠发达地区票据业务不活跃。

供稿单位：上海票据交易所

执 笔 人：曹衍楠　蔡制宏　王佳丹

第二部分

CHAPTER 2

票据业务生态建设与
服务实体经济

票据赋能实体经济
践行大行责任担当

2020年，中国工商银行（以下简称工商银行）积极履行社会责任，始终坚持回归实体经济本源，落实国家重点发展战略，服务小微、助力普惠，切实引导资金流向以制造业为主的实体经济企业，为实体经济发展注入金融活水，以实际行动体现国有大行的责任担当。特别是面对不期而至的新冠肺炎疫情，票据业务贯彻落实全行"春润行动"，采用灵活的利率政策，有效降低企业融资成本，并通过业务创新为实体经济赋能，切实提升票据服务效率和融资便利度，支持企业复工复产。全年，票据业务服务实体企业、支持经济发展成效显著。

一、票据业务支持实体经济发展概述

（一）充分发挥票据服务作用，提升支持实体经济质量

2020年，工商银行始终坚持金融回归服务实体经济本源，充分发挥票据业务便捷、灵活、快速的特点，不断强化票据业务的组织推动和营销拓展，加大票据融资服务力度，全力保障疫情期间企业客户的票据融资需求，以实际行动助力复工复产，有力支持实体经济发展。

2020年全年，全行票据贴现业务量达到1.47万亿元的历史新高，市场占比提升

至11%，连续四年位居市场首位。全行累计为医药、医疗器械、医疗机构、公共卫生基础设施建设等支持疫情防控重点行业办理票据贴现328亿元。制造业贴现量6 716亿元，在贴现总量中占比达46%。同时，发挥票据业务对小微企业发展的扶持作用，灵活运用利率政策与再贴现业务，降低融资成本，全力支持小微企业复工复产与纾困发展。全行小微企业客户数占比达到80%，贴现量达到4 298亿元。

（二）构建票据服务基础优势

一是巩固客户基础。围绕"增量、扩面、提质、降本"的原则，加强贴现客户营销。运用"鹰眼票据""智能营销""提质挖潜"等精准营销工具，对接潜在需求客户，扩展贴现准入客户名单，加大对优质小微企业的精准滴灌和流动性支持，夯实票据业务基础。

二是提升经营效能。主动调节经营节奏，加快票据周转交易，通过贴转联动、即贴即转，使转贴现交易更好地服务贴现业务，保障了贴现业务量稳步增长，助力对实体企业的持续支持。

三是优化票据服务。优化升级"工银e贴""普惠专享贴""付款票据通"等创新产品，推出网银端票据增值服务，向企业客户提供全方位、线上化、一体化的票据服务，提升用户体验。

四是保持稳健发展。按照"全面管、主动防、智能控"的原则，从客户准入、尽职调查、背景审查、限额管理、系统刚控、监督监测等方面强化风险防控，筑牢金融风险防线，确保业务稳健发展。

二、票据业务服务实体经济的经验和做法

工商银行通过完善机制、精准施策、创新服务、风控筑基，充分发挥票据传导货币政策和服务实体经济的优势，促进支持举措直达企业客户。

（一）适应新形势，优化票据服务机制

工商银行全面落实党中央战略部署，完善适应现代化经济体系和让利实体经济要求的票据业务模式，提升票据业务支持"双循环"新发展格局的服务能力，提高票据业务服务的适应性、竞争力和普惠性。

一是发挥"大票据"引领优势，完善总分行纵向协作、总行部门间横向配合、业务条线高度协同的票据业务大服务机制，全面打造票据业务全新系统架构，形成专业化、综合化的服务合力。

二是服务聚焦关键领域，聚焦"两新一重"（新型基础设施、新型城镇化和涉及国计民生的重大项目）领域，聚焦先进制造业发展和传统制造业升级，按照"优质先于定价"原则，建立符合制造业、一般服务业，尤其是中小微企业经营周期、资金周转率的金融服务机制。

三是融入区域发展战略，针对京津冀地区、长三角地区、粤港澳大湾区、中部地区和成渝地区五大战略区域，完善票据业务分工协作机制、沟通联系机制、通报督办机制，探索票据业务融入服务营销支持区域发展的路径。

四是优化票据营销服务，坚持"增量、扩面、提质、降本"的原则，对制造业优质名单企业加强"点对点"客户营销管理，运用"鹰眼票据""智能营销""提质挖潜"等精准营销工具，精准服务中小微企业。

（二）应对疫情挑战，助力企业复工复产

工商银行认真贯彻落实党中央决策部署，积极开展疫情防控工作，主动优化票据服务，全力支持实体经济和小微、民营企业发展，以实际行动在疫情防控中体现工行温度、贡献工行力量，助力实体企业持续经营。

一是优化业务流程，保障企业安全用票需求。第一时间启动全行票据业务应急响应机制，出台《关于做好新型冠状病毒感染肺炎疫情期间全行票据贴现业务开展的意见》，发布《工商银行线上自助贴现业务办理指引》和《新冠肺炎疫情期间票据融资业务法律问题问答》，并开辟防疫重点地区防疫相关企业票据业务绿色通道，满足客户特殊时期持续经营和快速融资的实际需求。从疫情暴发至2020年3月末，全行累计为医药、医疗器械、医疗机构、公共卫生基础设施建设等支持疫情防控重点行业办理贴现业务73亿元，为湖北地区企业办理贴现83亿元，为企业积极应对疫情冲击发挥了重要作用。

二是发挥线上优势，助力企业平稳渡过难关。工商银行已实现票据全流程电子化服务，企业足不出户就可以线上办理各项票据业务。疫情突发需要减少人员接触，票据电子化模式为企业安全用票提供了重要保障，有效促成票据业务高效、快速、安全达成。从疫情暴发至2020年3月末，全行通过线上渠道为企业办理票据贴现业务731亿元。

三是实现精准施策，传导央行再贴现政策。工商银行根据人民银行的再贴现支持政策，持续做好政策传导，在"人民银行+商业银行+企业"的服务链条中发挥好承上启下、有效对接的作用，有效助力企业复工复产。2020年第一季度，全行共办理再贴现业务234亿元，同比增幅超过25%。其中，涉及医药、物流、防疫用品生产及重点疫区相关企业超过29亿元，全力满足卫生防疫、医药产品制造及采购流通、公共卫生基础设施建设等方面的合理票据融资需求。

（三）发挥服务优势，为实体注入强大活力

工商银行充分发挥票据贴现业务对解决小微企业融资难融资贵的优势作用，结合小微企业经营实际，给予多项优惠支持政策，加大票据资源向小微民营企业倾斜力度，持续助力普惠金融发展。

一是强化服务推动。全行开展"千名专家进小微""百行进万企"等活动，满足客户在财务、经营、管理、法律等方面的服务需求。以全国首家票据专营机构——工商银行票据营业部的9家经营机构对应9个服务区域，推动夯实票据业务发展基础。2020年，全行累计为小微企业办理贴现业务4 298亿元，在贴现业务总量中的占比达到30%。截至2020年末，全行小微贴现余额超过2 000亿元，票据服务已成为全行开展普惠金融服务的重要业务领域。

二是推出优惠举措。工商银行在资金规模上对小微企业票据优先足额供应，根据外部经营环境及小微企业客户需求的变化，在资金价格上对小微企业票据进行优惠倾斜。坚持走集约化专业化道路，通过行内集中、再贴现等渠道，不断加快小微企业票据的流转，做大小微企业票据贴现体量。对小微贴现票据的系统内转移价格给予一定的优惠支持，以更加灵活的利率下浮授权支持普惠金融客户的业务办理，并对小微、民营企业贴现做到随到随审随批，提升客户服务效率。同时，积极传导

央行货币政策，全年办理再贴现业务522亿元，进一步加大了对小微企业的流动性支持和低成本资金投放。

（四）积极开展创新，扩大服务实体半径

2020年以来，工商银行持续加大票据业务创新力度，深化金融科技在票据业务中的创新运用，票据服务创新从贴现环节延伸至票据承兑、支付结算、供应链融资等领域，进一步扩大了服务半径。

一是"工银e贴"实现贴现业务全流程在线自动办理。该产品以"线上提交+智能审核+实时到账"为主要特点，客户仅需通过企业网银端进行业务申请，后台风险控制系统筛查检测通过后即可实现全流程无人工干预的实时放款和资金实时到账，极大地提升了贴现业务的用户体验。"工银e贴"通过全程电子化处理有效提高业务效率，确保客户资金实时到账，帮助企业客户有效进行现金管理、控制财务成本。2020年，全行办理"工银e贴"2 675亿元，同比增长120%。

二是"普惠专享贴"精准滴灌普惠实体企业。该产品以传导货币政策为目标，支持根据不同地区普惠政策，灵活报价并区域化定制客户准入和再贴现办理，通过再贴现业务加大对小微、民营企业融资支持力度。2020年，全行办理"普惠专享贴"超过1 500亿元。

三是"付款票据通"支持企业大幅缩短账款周期。该产品整合供应链物流、信息流、资金流，为供应链核心及上下游企业提供承兑贴现自动化、线上线下一体化组合产品。该产品在服务供应链上下游小微、民营客户结算以及融资方面具有突出优势，为其提供了快速、及时的资金支持，实现了供应链企业协同效应。2020年，"付款票据通"业务已覆盖超过70家供应链核心企业和近300家上下游企业，业务范围涵盖粮油、汽车、医疗等多个行业的供应链企业。

四是网银端票据增值服务项目提升客户体验。2020年，为提升企业票据资产管理及融资的渠道便利，工商银行充分听取企业需求，投产了网银端票据增值服务，在票据智慧融资、风控输出、全量资产管理等方面，以更优的网银服务体验提高客户黏性。服务项目涵盖从支付端到融资端的业务链条，在签收、背书、库存管理、贴现等流程为客户提供全量票据的资产管理工具，解决了企业客户在票据支付结算

和贴现融资方面的诸多业务痛点。

（五）强化风险防控，保障业务稳健发展

工商银行结合票据市场阶段性发展特点，坚持制度先行，持续完善风险管理流程，强化准入、严格管理，切实提高风险防控能力和制度执行力。

一是全面防更加严密。将票据业务纳入全行统一风险管理体系，构建动态优化的全面风险管理架构，传导全面风险管理要求，形成两级风险管理工作机制，建立了贯穿票据业务办理全过程的风险控制流程，强化重点环节的制度建设和流程管控。落实监管部门要求，持续深化内部控制"三道防线"，总分行通过区域"大票据"风控小组对重点关注情况强化风险传导与排查，提升全面风险防控水平。

二是主动管更加积极。搭建信用主体准入指标评价体系，配套制定分类业务政策，建立按月监测分析机制，对名单实行动态调整管理，提高信用风险识别、评估、管控水平。严把客户准入第一道关口，落实客户尽职调查与准入管理要求，防止"病从口入"，确保贴现资金流向实体经济、服务小微企业。

三是智能控更加精准。通过搭建全过程风险监测平台，自主研发"票据业务综合管理系统"（BMS）平台，对票据来源结构与流向、票据风险评估和预警进行全方位实时监控。基于"大数据"技术，不断完善和细化风险监测工具，极大地提升了风险计量水平，实现全业务、全流程的系统监控和穿透式管理，为强化全面风险管理提供支撑。

三、票据业务服务实体经济的工作方向

展望2021年，随着全球疫苗研发进程加快，全球经济有望延续复苏态势。下一阶段，我国将坚持稳中求进工作总基调，加快构建"双循环"新发展格局，继续推动"六稳""六保"政策落地，后疫情时代经济发展将逐步回到高质量发展的轨道，产业链、供应链的自主维持发展能力将有所提升，企业经营活力和经济发展的新动能将进一步增强，有望推动企业票据业务需求持续增长。

票据业务在服务民营、中小微企业方面具有业务范围广泛、使用安全性高、融

资成本相对较低等优势，疫情期间对解决供应链企业资金短缺和融资难等问题发挥了突出作用。未来一段时期，"双循环"新发展格局将进一步促进实体经济与金融市场的连通，票交所各类创新产品的推出也为金融机构开展票据创新服务拓宽了路径。在后疫情时代，商业银行应当依托票交所创新平台，推动票据业务直达实体经济，实现金融科技与票据业务融合，提升服务"双循环"新发展格局的效率和水平。

一是促进经济循环流转和产业关联畅通。继续坚守业务初心和本源，着力打通实体经济的"梗阻点"，连接"断裂点"，针对资金、商品、信息、技术等生产要素的畅通流动，一方面形成线上线下一体化的对客服务渠道，不断延伸服务企业客户的触点，使票据业务能够突破时间和空间阻隔，实现全天候的企业服务；另一方面提供丰富全面的综合金融解决方案，以服务供给侧结构性改革为主线，以推进产业基础高级化、产业链现代化为目标，以促进产供销、上下游、大中小企业协同发展为抓手，实现全方位的企业服务，从而形成票据支持实体经济的良性循环。

二是推动商业承兑汇票发展。统筹结合银行信用与商业信用，加强与各类型机构的合作和信息共享，支持构建成熟的商业信用环境，进一步丰富商票应用场景。一方面，全面对接供应链票据平台建设，依托票据市场基础设施，扩展与各类供应链平台合作，以产业链、供应链核心企业为切入点，加快电子商票在整个产业链企业中的应用，助力票据直接融资规模的扩容；另一方面，探索商业信用主动管理，充分借助企业信用基础数据库、商票信息披露及引入外部评级合作等，优先选择产供销关系稳定、票据应用场景明确、符合国家政策导向的企业开展商票信用增级或开辟商票专项授信等，助力提升商票的市场接受程度，扩大票据直接融资的范围。

三是促进科技创新与票据业务深度融合。提升业务智能化水平和科技落地实效，真正实现金融科技创新与业务的深度融合。一方面，打造数据驱动的智慧票据服务体系，在企业需求发现、运营决策支持、票据风险控制等各方面，运用大数据分析和金融科技，挖掘各类型数据信息的业务价值，从而实现更加精准和个性化的服务投放；另一方面，构建灵活开放的智慧票据系统框架，通过敏捷开发、智能迭代、标准化输出等技术提升反应速度，针对票据支付端、融资端的业务需求，生成灵活的系统解决方案，为票据生态的构建提供科技支撑，也为提升票据服务经济发展效率提供有效途径。

　　未来新发展格局既是票据市场发挥自身优势的历史机遇，也是票据业务加快改革创新必须抓住的有利时机。工商银行将继续践行服务实体经济的初心，紧密围绕畅通国民经济循环的战略部署，加大对重点领域、重点区域的业务支持，做好对制造业、普惠小微、民营经济等的金融服务，助推经济体系优化升级，服务国家战略落地，在新发展格局下实现票据业务高质量发展，为国家"十四五"开局贡献重要力量。

　　　　　　　　　　　　　　　供稿单位：中国工商银行
　　　　　　　　　　　　　　　执 笔 人：修晓磊　张存沧　肖雅新

票据服务实体经济
科技提升专业能力

2020年，受新冠肺炎疫情影响，国内经济承受了较大冲击。人民银行出台各类稳定经济的政策，例如增加再贷款、再贴现额度，降低再贴现利率等，推出供应链票据、标准化票据等创新产品，促进票据市场更好地发挥服务实体企业、精准滴灌小微企业、降低企业融资成本的作用，有力支持了稳企业、保就业工作。随着"加快构建以国内大循环为主体、国内国际双循环相互促进的新发展格局"的提出，票据市场将迎来产业链现代化转型的发展契机，以金融科技创新升级为抓手，可以更好服务实体经济。浦发银行积极探索金融创新，科技赋能提升票据服务水平，助力票据市场高质量发展。

一、票据回归本源，服务实体经济

（一）票据业务稳健发展，服务小微、民营企业能力显著增强

票据作为传统支付结算和贸易融资工具，在企业间被广泛使用，为实体经济发展提供了有力支持。浦发银行把握票据延期支付、便捷融资的特点，综合票据承兑、贴现、票据池等业务产品，形成组合方案，为实体经济注入资金。2020年，浦发银行开展银票承兑业务8 610亿元，同比增长9%；银票贴现发生额5 148亿元，同

比增长21%；服务企业客户9 291户，其中中小微企业银票贴现金额3 389亿元，民营企业银票贴现金额3 336亿元，为企业提供贴近资金市场利率的贴现融资服务，重点支持中小微企业客户，平均贴现利率同比下降超过0.5个百分点，显著降低中小微企业负债成本。

为更好服务实体经济，充分了解企业用票需求，准确评价票据在支付融资中发挥的作用，2020年浦发银行开展企业票据业务调研工作，累计调研企业近2 000家，有效反馈1 657家，其中中小微企业占比达84%，民营企业占比达76%；涉及行业广泛，其中制造业和批发业占比最高，分别占总调研客户数的36%和29%。调研显示，票据在企业之间的支付结算方面发挥了重要作用，超过60%的企业对于使用票据支付都能达成共识，尤其银票具有较好流通性，更加能够保障企业及时收到款项，有效周转资金，缓解资金压力。根据用票企业反馈的痛点问题，浦发银行持续提升票据业务办理时开户、评级、授信等环节效率，切实降低企业用票成本，精简询价报价流程，提高审批时效，合理调整承兑机构范围和额度，进一步发挥票据在企业支付融资中的作用。

（二）再贴现精准滴灌，助力长三角一体化发展

人民银行积极发挥结构性货币政策工具直达实体经济的作用，运用再贷款、再贴现等工具，精准滴灌国民经济重点领域和薄弱环节。2020年再贴现政策加码，业务规模再上台阶。2020年2月26日，人民银行下发《关于加大再贷款、再贴现支持力度促进有序复工复产的通知》（银发〔2020〕53号），增加再贷款、再贴现专用额度5 000亿元，为企业有序复工复产提供低成本、普惠性的资金支持。4月20日，人民银行下发《关于增加再贷款再贴现额度支持中小银行加大涉农、小微企业和民营企业信贷投放的通知》（银发〔2020〕93号），增加再贷款、再贴现额度1万亿元，针对广大中小微企业提供贷款，支持银行加大对涉农、小微和民营企业的信贷投放及贴现力度。7月1日起，人民银行下调再贴现利率0.25个百分点至2%。多轮政策有序衔接，票据产品精准服务实体经济，引导降低社会融资成本。

浦发银行自2018年4月起由总行组织开展长三角票据的再贴现业务办理，通过再贴现资金定向为长三角地区的小微、民营企业提供低成本的票据融资服务。2020

年，浦发银行总行共办理再贴现业务73亿元，其中服务长三角区域小微、民营企业共179家，再贴现金额60亿元，占比逾80%。截至2020年末，浦发银行全行再贴现余额近480亿元，以优惠利率为符合人民银行再贴现要求的票据持票人办理贴现业务，有效降低了中小企业的融资成本。浦发银行将继续推动再贴现业务办理，发挥再贴现定向精准灌溉功能，提升货币政策直达实体经济的传导效果，让更多的中小企业能够通过"贴现—再贴现"的政策得到扶持，加大对长三角地区小微、民营企业的支持力度，扩大优惠利率服务企业数量。

二、金融科技赋能，服务能力提升

（一）票据业务线上化，纾困解难打赢疫情防控阻击战

自票交所2016年底成立以来，票据业务电子化水平不断提升，不仅大幅降低了出票、背书、贴现、交易等各流转环节的操作风险，而且业务效率和服务效能显著提升。自2018年起，各商业银行相继推出票据承兑、贴现在线自助产品，通过金融科技赋能，为客户提供全方位线上票据业务，企业足不出户即可实现便捷支付和快速融资。得益于此，2020年，尽管受新冠肺炎疫情影响，但票据市场快速恢复运行，各类票据线上业务便捷化办理，降低疫情期间交叉感染风险，较好发挥了货币政策精准传导市场功效，通过附加在产业链条上的信用传递，稳定了受疫情冲击企业的资金链，有力地支持了相关抗疫企业，纾困解难帮助中小微企业更快复工复产。

2020年，浦发银行推出适用于全客户类型的"银行承兑汇票线上贴现"功能，银票线上贴现发生额310亿元，服务企业2 810户，通过系统自动完成审批放款，有效提高了企业的银票贴现业务办理效率；利用票据的市场化定价机制，降低中小微企业的融资成本；增加疫情期间资金的有效供给，保障企业正常运转和员工稳定就业，助力企业平稳渡过疫情难关和转型发展。

（二）票据业务数字化，科技赋能提质增效

票据业务数据集成，提升智能风控与投研，实现服务实体经济的场景创新。一是数据集成于票据各环节，金融机构可在数据共享上加深合作，深挖数据资产价值，其典型应用包括智慧票据、票据管家等。二是知识图谱、人工智能、机器学习等运用加深，票据支付、融资交易以及风险防控更加智能，为伪假票据防范和投资决策提供依据。三是票据集交易、支付、清算、信用功能于一身，是跨领域组合创新的极佳应用场景，通过科技赋能增加商业银行拓客渠道，深入探索产融结合新模式。

浦发银行加快数字化建设，在同业率先推出"无界开放银行"，通过科技赋能，将创新转化为生产力，支持实体经济发展。2020年，浦发银行推出"智慧票据"项目，通过知识图谱推理、类协同过滤、社交网络分析等大数据分析手段，深度挖掘票据潜在客户近7.1万户，由系统细化分类后直接推送给客户经理，实现精准服务。同时，"智慧票据"项目动态更新客户服务进度，按商业银行总、分、支的组织架构逐层回溯统计，多层级合理形成闭环，为企业客户提供全方位一体化服务。

三、票据创新提速，构建新发展格局

（一）供应链票据服务产业链，增强票据支付能力

利用产业链核心企业信用，解决上下游企业资金难题，已成为业内共识。人民银行对此高度关注，有序推进应收账款票据化。

1. 2019年6月，人民银行行长易纲在"陆家嘴金融论坛"上提出，支持票交所在长三角地区推广应收账款票据化。

2. 经人民银行同意，票交所积极推动应收账款票据化。2020年4月24日，由票交所建设开发的供应链票据平台上线试运行，为企业提供电子商业汇票的签发、承兑、背书、到期处理等各项服务。

3. 2020年6月18日，首批供应链票据贴现业务成功落地，提升企业供应链融资可获得性，进一步降低融资成本，纾解疫情困境，缓解中小企业资金周转压力。

浦发银行积极参与供应链票据平台建设，于2020年内落地供应链票据贴现业务，并不断完善其他票据支付和融资环节的产品和服务，引导企业签发供应链票据替代应收账款。一是实现票据全链条共享核心企业信用；二是盘活沉淀的应收账

款，提高企业资金周转效率；三是票据兑付结算秩序更有保障。

（二）标准化票据推动票债联动，拓宽票据融资渠道

2020年6月，人民银行发布《标准化票据管理办法》。年内共有58只标准化票据创设发行，发行规模合计61.67亿元。上海清算所于2020年10月9日发布上海清算所标准化票据指数系列，中证指数有限公司于2020年12月21日发布中证标准化票据指数系列。标准化票据的推出，一是探索了资产标准化变革路径；二是推动票据与债券跨市场联动，拓宽了票据资产的融资渠道，降低了中小企业融资成本；三是为票据指数和ETF产品的创设夯实了基础，更加丰富的投资品种有利于满足金融机构的投资需求。

2020年7月30日，浦发银行担任存托机构的标准化票据产品"浦发浦票盈2020年度第一期标准化票据"完成创设，创设规模为5 000万元，基础资产为未贴现商业承兑汇票。截至12月末，基础资产票据均已到期托收回款，"浦发浦票盈2020年度第一期标准化票据"正常到期结清。通过引入更多元的投资者，标准化票据有利于票据贴近资金市场定价，降低了企业融资成本，减轻了特殊时点信贷规模对企业融资需求的影响，更好服务实体经济。

四、完善风控体系，保障用票安全

（一）坚持审慎经营，落实监管要求

浦发银行坚持审慎合规经营，提升票据业务经营部门"一道防线"的风险合规能力、合规意识和行为规范，贯彻落实各项监管要求，从贷前检查、贷中审查、贷后监控等方面从严把关，重点关注票据承兑、贴现、交易等各环节的风险隐患和合规问题，针对票据业务可疑客户要求客户经理实地走访、全面摸排，高度关注部分业务规模较大、可疑特征较为集中的票据业务，及时防范和严控风险。

（二）推动数字化建设，防范用票风险

2020年票据市场上不法分子通过"保证待签收"票据不当牟利，票据业务主体

名称被恶意记载为疑似金融机构名称、不法分子伪冒其他单位身份开立账户并签发伪假票据等情况均有发生，影响企业用票安全和合法权益。票交所进行了充分的风险提示，浦发银行推动数字化建设，针对核心风险点强化系统建设，确保用票企业"应知尽知"。

（三）提升信息透明度，便捷票据支付结算

2020年推出的商业汇票信息披露机制，有望整合企业间支付结算信息，完善企业征信的票据融资偿还记录，助力票据市场信用建设。浦发银行将尽快推出对应服务，有效解决伪假电票背后信息不对称的问题，降低企业用票的操作风险。

供稿单位：上海浦东发展银行

执笔人：黄　燕　李心宇　李　论　吴梦露

发展票据业务
助力抗击疫情　服务实体融资

2020年，新冠肺炎疫情给企业生产经营造成严重影响，尤其是民营和小微企业。兴业银行票据业务立足服务实体企业，充分发挥票据融资成本低、效率高、流转便利等优势，通过推广线上贴现产品、拓展供应链融资、强化交易降低企业融资成本、开展定制化融资服务等一系列措施，助力企业复工复产，取得了良好的成效。

一、推广"兴e贴"业务，助力企业复工复产

"兴e贴"是兴业银行2019年下半年推出的一款线上贴现产品，通过行内电子化金融服务端口与各关联系统的信息交互，使业务的受理、审核、放款等流程实现系统自动化处理。

2020年初，新冠肺炎疫情暴发，线下贴现业务停滞，企业票据融资需求亟待解决。兴业银行第一时间制订了"兴e贴"业务专项营销方案，组织分行大力推广"兴e贴"产品，全面放开系统运行时间，实现7×12小时连续作业，充分发挥该产品全流程线上自动化处理优势，极大地便利了企业票据融资，有效地防范了因实地办理业务产生的交叉感染风险；同时，进一步通过"兴e贴"价格优惠措施支持企业复产

复工，对于医疗、医药企业推出额外利率优惠。

2020年，全行累计办理贴现7 170亿元，同比增长26%，服务贴现客户1.38万户，其中中小企业占比超过三分之二。"兴e贴"较线下贴现价格低5个基点以上，近20家分行通过"兴e贴"产品抗击疫情、服务实体企业的案例被媒体广泛报道。

华润广西医药有限公司是一家大型药企，是广西重要的医疗器械运营服务商和防疫物资供应商，广西百草汉医医疗科技有限公司则是一家小微民营医疗企业。随着疫情的发展，两家企业的口罩、酒精、消毒液、护目镜等防疫物资订单激增，融资需求迫切。为响应国家和行内号召，向医疗医药企业提供优质的金融服务，兴业银行南宁分行春节后首个工作日即开始通过"兴e贴"为客户提供贴现融资。疫情最为严重的两个月内，该分行累计为两家公司贴现票据3 826万元，平均贴现利率比市场同期价格低0.4个百分点，在最困难的时候支持了企业的发展。

二、发展多种商票业务，服务供应链融资

商业承兑汇票是重要的供应链融资工具，相比应收账款质押融资、保理等其他供应链融资工具，具有法律关系明确、支付方便、流动性强等优势。近年来，人民银行大力推动直接融资发展，对于票据市场，更加重视发挥商票作用。2020年，兴业银行顺应发展趋势，出台多项措施，鼓励经营机构培育核心企业用票习惯，推动经营机构围绕供应链核心企业大力拓展上下游持票客户。

中铁十二局是山西省大型建筑施工企业，主营土木工程建筑中的铁路、道路、隧道和桥梁工程建筑。该公司上游供应商90%以上为中小微或民营企业，获得授信难度较大，难以通过流动资金贷款等融资方式获得资金支持。兴业银行太原分行为中铁十二局定制了商票贴现融资解决方案，通过引导核心企业签发商业承兑汇票，并为其上游持票企业提供高效的贴现融资服务，解决了困扰核心企业和供应商的融资难题，受到了客户认可。

2020年7月底，兴业银行作为存托机构和承销机构的"兴业大同煤矿2020年度第一期标准化票据"成功创设，金额1亿元，期限1年，基础资产为未贴现商业承兑汇票，这是人民银行《标准化票据管理办法》出台以来首批标准化票据业务，受到市场广泛关注。本笔业务的成功创设，开辟了商票业务解决企业融资的新途径，提高了兴业银行服务企业客户的能力。

三、创新"兴享票据池"，让企业e键享无忧

"兴享票据池"是兴业银行深化金融与科技融合，推进票据业务线上化、智能化转型的又一创新产品。借助先进的金融科技手段，"兴享票据池"可为企业提供涵盖在线出入池、在线提取保证金、集团额度管理、线上融资等的多功能、一揽子综合金融服务，有效帮助企业盘活票据资产，实现集团票据管理价值增值。2020年"兴享票据池"累计入池票据2 300余亿元，为各类客户提供票据池项下融资1 900余亿元。通过"兴享票据池"，兴业银行已累计服务了通威集团、格力集团、中铝集团、南京医药、北京汽车等不同行业各种规模的客户共5 600余家，助力客户业务发展，帮助客户降低融资成本，提升风险管理水平，实现高效结算和全面财资管理。

四、建设"票付通"平台，提供安全高效的票据支付服务

"票付通"作为一款创新票据支付工具，基于B2B电商、供应链平台的货物流转、交易环境，扩大了票据支付的应用场景，具有交易支付安全、快捷、灵活方便等优势，有助于盘活中小微、民营企业持有的高信用等级票据，以票据支付置换部分流动性融资需求，缓解企业融资难、融资贵问题。兴业银行积极参与建设"票付通"平台，不断扩大客户群体，2020年将合作单位增至15家，累计交易过千笔，结算金额13 000余万元。

华峰平台作为兴业银行"票付通"产品首家合作平台，于2020年6月上线，该平台以工业互联网的销售闭环为依托，为平台企业提供更加灵活、多样的票据支付方式。同时，兴业银行还给予华峰集团化工产业链下游经销商、工厂企业专

项授信额度，用于向华峰集团产业公司采购货物，助力华峰集团开展供应链金融业务。

五、强化流转交易，降低企业融资成本

交易是兴业银行票据业务的传统优势。2020年，全行继续深入贯彻票据业务集中作业体制改革精神，进一步强化票据贴现、转贴现、再贴现等前后端产品一体化运作，通过发挥后端分销渠道优势，降低前端贴现业务价格，减轻企业融资成本负担。

兴业银行深圳分行通过"微票通""绿票通""科票通"等产品，在疫情期间为近90家企业提供票据融资，不但解决了企业燃眉之急，还通过"贴现+再贴现"产品组合，为上述企业节省了超过20个基点的贴现业务利息支出，切实降低了企业的融资成本。

2020年，兴业银行票据交易业务量达到5.8万亿元，同比增长40%，在有限的经营资源基础上，通过流转交易，有效地解决了前端企业融资需求。

六、开展定制化服务，满足个性化融资需求

针对客户的不同需求，兴业银行开展定制化服务，满足企业个性化融资需求，通过与地方政府、大型企业合作，积极参与供应链平台建设，为供应链上下游企业提供优质的票据融资服务。

"金服云"是由福建省金融监管局、数字办牵头推动，兴业银行负责平台建设和运营的金融服务云平台，可提供企业画像及信用分析、企业线上智能融资对接等综合金融服务功能，旨在解决银企信息不对称，缓解民营和中小微企业融资难、融资慢等问题。2020年4月，兴业银行与福建省金融服务云平台开展合作，将本行拳头产品"兴e贴"投放至该平台，丰富了平台的融资产品功能。该平台具有了解"兴e贴"产品信息、预约产品开通、贴现利率询价等功能，为客户提供了便捷的票据融资渠道。

"好票e贴"是上海汽车集团财务有限责任公司为服务其集团下属合作供应商而

搭建的票据融资渠道。兴业银行与上海汽车集团财务有限责任公司展开合作，将本行"兴e贴"产品相关融资信息向用户进行展示，包括利率报价、贴现额度查询等，借助网站链接，一站直达本行融资服务窗口，为客户提供了高效、便捷的票据融资服务。

供稿单位：兴业银行

执　笔　人：刘晓春　王　照　王海军　袁佳毅

发挥特色　多措并举
助力中小企业票据融资

　　厦门银行作为第一家具有台资背景的城市商业银行，在服务中小微企业方面，引入我国台湾地区的先进经验，通过构建多元化、多层次的金融服务体系，稳步推进中小微企业特色服务。票据业务作为精准支持中小微企业的有力产品，更是近年来厦门银行支持实体经济的重要工具。厦门银行在开展票据业务时注重寻找目标客户群，寻找自身的比较优势，注重内部与外部创新相结合，形成错位竞争，在实践中摸索出了一条具有厦门银行特色的票据业务发展之路。

　　目前，厦门银行除了在福建省内9个地市设有分支机构，在重庆市也设有分行，结合两个地区的经济发展情况和自身特色，以票据服务助力中小微企业发展。福建省作为改革开放最早的区域之一，民营经济活力强，形成了石化加工、新能源、体育用品、服装、建材等多个特色产业；重庆市作为西部地区的经济、金融、科创、航运和商贸物流中心，经济发展后劲足，形成了汽摩、装备、生物医药、电子信息等重点特色产业。这些产业均是票据使用较多的行业，业务开展潜力大。在福建及重庆两地银行网点分布广的地区，核心企业往往拥有多家银行的优质授信资源并享受优惠贴现价格，而供应链上下游大量中小微企业便成为存在先天成本劣势的城商行和农商行的必然选择。

一、优化票据定价机制

由于票据具有较好的流动性，在二级市场上交易活跃，参与机构数量大，因此在银行内部打通一、二级市场能有效解决价格问题。然而，目前仅有少部分银行设立了专门的票据一级部门并打通一、二级市场；大部分机构的票据业务仍为一、二级市场分开，如分别设在公司板块和金融市场板块中，此模式一定程度上制约了市场价格的传导。

近年来，厦门银行强化条线联动，虽然一级与二级市场分设于不同部门，但通过考核导向实现了条线密切合作；通过联动，直接引入了二级市场价格作为贴现成本考核依据，每日依据二级市场实时波动情况，更新对客户端报价。这一策略加快了直贴与转贴间的流转速度，既避免了自身的市场利率波动损失，又缩小了与国股银行贴现报价的差距，提高了价格竞争力，同时也降低了企业贴现成本。

二、优化市场服务模式

除价格因素外，办理业务过程中的服务质量也非常重要，小到协议、凭证的填写和盖章，大到办理过程中的往返路途，都可能影响银行作业效率，甚至影响企业对银行服务的选择。

厦门银行注重发挥优势，通过广授信服务实现错位竞争。小微企业用票不便，除了企业主经营情况外，很重要的原因是价格贵、授信窄。国股银行业务成熟，但管理模式上灵活性低，对于中小微企业的一些要求响应慢；而民营银行秒贴业务开展较好，解决了部分小微企业的小票贴现问题，但秒贴存在价格高、授信广度低的情况。厦门银行发挥决策链条短、审批效率高的优势，扩大了票据同业的授信范围，解决小微企业在收到中小城商行和农商行票据后无处贴现的难题。

同时，厦门银行通过内部流程再造，将相关纸质协议及凭证电子化，让贴现业务做到全程无纸化审批，大大提升了贴现效率，由原先大半天的审批时效缩短至1个小时。由此，近三年厦门银行票据贴现平均年增长100%以上。

系统方面，厦门银行2019年前仍在租用城商行清算中心的票据系统，尚未搭建自有票据系统，租用系统在个性化需求提升及数据分析改造等多个方面存在不便。因此，厦门银行近年来持续开发票据系统，通过自研开发系统实现了与票交所的直连，给票据企业提供了更加稳定的后台服务，且陆续实现了内部多系统间直连、小票秒贴、报表数据分析等功能。

三、优化内部管理方式

（一）客户管理

相较于常规的客户营销管理，厦门银行通过战略客户，对接上下游中小微企业，开展多形式、多样化的贴现客户管理策略，例如根据分支机构的名单进行管理并定期更新，给予专项优惠；若企业还承做投行、外汇、衍生品等重点产品，则在贴现端再额外给予优惠。厦门银行通过有效的客户管理和多层次的产品联动，有效降低了企业客户的融资成本，做到全方位服务，提高了银企之间的黏性。

（二）数据管理

随着信息化的发展，商业银行积累了大量业务数据。厦门银行在升级票据业务系统过程中，注重从海量数据中提取有价值的信息，服务票据业务相关决策。数据管理分析工作的主要目标是票据业务客户管理，且从客户管理生命周期角度分解为三项内容，包括发现新客户、维护存量客户以及优化客户服务。

1. 发现新客户。传统拓展新客户的方法多为陌生拜访、上下游延伸开发及各种宣传推广活动等，但在大数据时代，厦门银行通过探索数据挖掘方法，为银行提供一个全新的维度，通过客户数据库中的特征，将有利特征与非客户群进行匹配，提升营销效果。例如，将同时承做开立银行承兑汇票及结汇业务的交集客户群作为分析对象，通过聚类分析得到该客户群保证金贡献度高的特点，再将相对集中的前五大行业及使用频率较高的产品集合发现高频特征，将高频特征与全量客户进行匹配，找到符合此高频特征的客户群，再进一步结合名单及实际情况，筛选出高频产品的重点目标客户，使营销工作更加有的放矢。

2. 维护存量客户。银行在发掘客户的同时，还有一项重要工作即留住老客户，而数据挖掘可以帮助银行了解客户流失的原因、找到流失背后隐藏的关联因素。

厦门银行将企业客户开立的银行承兑汇票余额与其当期报表应付票据占比作为切入点进行分析，发现近年来部分客户该占比呈下降趋势，进而从中筛选出降幅较大的客户群进行产品使用习惯分析、异常行为变化分析等多项分析。通过以上分析，厦门银行从中找到降幅较大客户的相似特征值，让分支行带着问题和目的走访相关客户，了解客户票量减少是内部原因还是外部原因，例如是其他银行产品替代效应影响用票还是行业政策影响开票需求。相关分析结论有效协助了产品管理部门和分支机构网点开展业务管理，对重点产品及新政策推进起到了重要作用。

3.优化客户服务。当下同业竞争日益激烈，银行在客户服务上应更加精雕细琢，为客户提供更加优质、更加个性化的服务，才能在银行日益趋同化的竞争中取得客户信任。数据挖掘工具赋予银行强大的分析能力，可以准确定位客户的交易习惯和交易频率，分析其对某个产品的忠实度，进而为其提供个性化定制服务。

在大量银行承兑汇票贴现客户数据分析中，持本行票据贴现的客户引起分析人员的关注：在这类贴现客户中，行业类别的差异体现出明显的贴现时点差异。厦门银行在数据聚类分析后发现了各客户群的贴现时点偏好，通过大数据分析各个客户的贴现偏好时点，结合行内系统自动推送贴现提示给分支行客户管理人员，为网点适时开展营销、提高营销成功率做好了铺垫。

供稿单位：厦门银行

执　笔　人：黄　融　郭彭菁

票据普惠实体　助力产业升级

2020年以来，新冠肺炎疫情席卷全球，中央提出加快形成以国内大循环为主体、国内国际双循环相互促进的新发展格局。面对百年未有之大变局，为响应中央号召，助力中小微、民营企业脱困，九江银行深入践行金融服务实体经济，积极创新票据业务产品，优化票据业务模式，助力实体经济翻越"融资难、融资贵"的高山。

一、战略转型，聚焦普惠实体

（一）外观内省，战略转型

在过去五年中，伴随着票交所成立、电票大发展、创新产品层出不穷以及金融监管日趋严格，国内票据市场发生了深刻转变。在此过程中，九江银行票据业务也经历了从侧重交易到多元发展、从总行专营到条线管理、从系统落后到更新换代的过程。在经历了四年的快速增长后，九江银行多项票据业务指标达到了江西省领先水平。2020年，九江银行坚持以"票据回归本源，服务实体经济"为方向，巩固"省内绝对领先"地位，不断打造"全国一流有特色的票据银行经营机构"。九江银行一方面通过总分联动加快票据直转效率，票据业务发展向"轻资本、轻资产"

战略转型；另一方面促进普惠实体和助力产业升级，利用票据业务落实国家"金融支持实体经济"精神，推动供应链金融发展。

（二）机构专营，服务小微

作为扎根红土地生长的本土银行，九江银行多年来坚持立足江西，建设普惠金融机构体系，不断向小微企业、"三农"和偏远地区输送优质、高效、安全的金融服务。九江银行形成了"总行专营同业，分行集中办理，支行开展营销"的票据条线组织架构，并于2018年正式挂牌成立"小微企业票据贴现中心"，在优先服务小微企业上四措并举，包括：成立专门团队，快速响应小微企业融资需求；开通绿色通道，确保小微企业票据贴现无阻碍；承诺优惠力度，切实解决小微企业融资贵问题；提高业务效率，简化小微企业贴现流程。九江银行对小微票据贴现价格优惠15~35个基点，并优先配置小微票据贴现额度，累计让利超千万元，助力近2 000家小微企业实现高效融资。

（三）切实让利，普惠实体

九江银行积极落实各项宏观调控政策，切实有效将票据再贴现政策传导至小微企业和民营企业，实现获客、活客、黏客，精准支持实体经济，助力小微企业复工复产。2020年，九江银行办理再贴现132.97亿元，同比增加54.31亿元，增长69.04%，对推动江西省再贴现工具的充分运用发挥了主力作用。2020年末，九江银行再贴现余额63.63亿元，较年初增加26.83亿元，增长72.91%，创历史新高。

二、品牌构建，拓宽融资渠道

（一）树立品牌，整体经营

九江银行全面整合票据各项产品，打造专业化票据品牌，增强票据产品竞争力，提高企业认知程度，为企业提供专业、综合、特色、在线的票据服务，解决企业融资难题。为树立品牌形象，九江银行设计"九银票易融"商标，并成功向国家知识产权局申请注册。

（二）开发产品，拓宽渠道

九江银行努力丰富品牌内涵，坚持客户导向，从系统、产品、制度、流程等角度出发，逐步形成了"一个品牌，两个系列，七个产品"的产品体系，为实体企业提供多样化票据融资服务。"贴"系列是针对单一企业客户的票据贴现业务，包括"九银快活贴"和"九银极速贴"；"融"系列是针对单一企业和行业客户提供的票据融资服务方案，包括"九银池票融""九银商票融""九银绿票融""九银链票融"和"九银票直融"。

三、科技赋能，提升融资效率

（一）快活贴现，提质增效

得益于央行和票交所的政策引领及系统建设，贴现市场电票占比迅速提升，企业对于银行贴现业务效率要求显著提高。为响应客户需求，实现"数字九银"，九江银行针对普通贴现业务，从三个方面进行优化：

一是企业材料精简化。企业首次在九江银行申请贴现，需提供完整材料。在实地考察企业经营情况后，九江银行与贴现企业签订贴现框架协议，期限一年。协议有效期内，客户办理贴现无须重复提交材料。

二是条线审批与系统风控结合。总行票据中心设置贴现审批岗，负责终审分支行全部贴现业务流程，专人专岗，保证审批效率，贴现业务全流程在票据条线内完成，实现总分支联动，层级分明，职责清晰；同时，依托全新一代票据系统，通过系统对贴现利率、黑白名单、授信额度等风险要素进行把控，确保在业务合规的基础上效率提升。

三是优惠利率审批无纸化。价格管理上，九江银行一方面每日公布全行贴现指导利率，另一方面针对不同客户灵活报价。此前分支行贴现利率如低于指导利率，需经纸质审批流程进行优惠利率申请，经改造，九江银行将审批流程集成在系统中完成，在保障客户享受灵活贴现价格的基础上，再次提升了审批效率。

基于以上优化，九江银行推出全新贴现产品"九银快活贴"，除实现分钟级放款外，还兼具承兑行丰富、付息方式多样、价格制定灵活的特点，高效的审批效率和便捷的办理流程，为九江银行带来了良好的市场口碑，也让实体企业客户享受到更优质的金融服务。

（二）自助贴现，分秒必争

2020年初，在已实现贴现分钟级放款的基础上，为将贴现效率提升至更高水平，参考同业先进水平，九江银行推出自助贴现产品"九银极速贴"，企业客户从发起贴现申请到放款全流程自动化审批，实现贴现秒级到账。

相比大中型企业，小微企业受限于财务人员少、资金实力薄弱等自身因素，对融资效率和融资成本有较高要求，同时小微企业贴现具有业务不规律、单张票面金额小、承兑行多的特点。为提升小微企业贴现服务效率，"九银极速贴"主要面向此类客户进行推广，全行已签约"九银极速贴"客户中，小微企业占比超过70%。

（三）池化融资，快捷授信

票据池业务可以有效解决供应链上企业使用票据结算时面临的收付票据金额、期限不匹配等问题。为加大对核心企业的支持力度，在有效控制风险的前提下，九江银行推出票据池业务产品"九银池票融"，通过票据池业务，为供应链上核心企业及上下游企业提供票据管理及基于票据池质押项下的快捷授信综合融资服务，支持核心企业提高融资能力和流动性管理水平，畅通和稳定上下游产业链条。

除解决企业票据管理烦琐等基本问题外，在出池业务端，企业还可以办理银承开票、信用证、流贷、保函以及其他贸易融资业务。针对票据池项下的银承开票业务，在进行白名单准入及审批前置的基础上，票据池签约客户可自助开立九江银行承兑汇票，开票环节无须银行人工审批，极大地提升了客户支付效率，推动票据代替现款结算。针对不同产业链上核心企业客户经营特点差异性，"九银池票融"提供多样化融资产品，精确满足客户需求。

四、深耕供应链，助力产业升级

（一）专属产品，量身定制

2020年，九江银行推出服务供应链票据产品"九银链票融"，即面向供应链核心企业及上下游企业提供票据结算和融资综合服务方案。"九银链票融"主要依托九江银行的课题研究成果《商业汇票在供应链金融中的运用及20种典型场景运用案例》，通过研究汽车行业、钢铁行业、有色金属行业等多个经典场景内的票据应用，为金融精准服务不同行业提供了可参考案例。

通过"九银链票融"，九江银行提升自身金融服务产业链整体水平，并推动与核心企业、政府部门及担保机构等第三方专业机构各方联动，通过依托核心企业构建上下游一体化信用评估和风险管理体系，实现动态把握中小微企业的经营状况，建立银行与实体企业之间更加稳定紧密的关系。

（二）场景丰富，全链覆盖

1. 钢铁行业。经销商向供应商（一般为优质大型钢厂或其控股销售公司等）采购钢材，需先行支付货款，其自有资金少，有效担保差，融资需求大，同时供应商有配合下游经销商融资以加快钢材销售的动力。该场景贸易背景真实可靠，钢材属于大宗货物，易变现、产值相对较高、流通性强，具备搭建供应链融资模式可行性。针对此业务场景，九江银行引入合作平台，与钢厂、钢贸商构建四方供应链融资模式，九江银行对合作平台及经销商进行授信准入，合作平台负责监督管理货物、把握货物品质、判断货物市场价值、加强货物处置渠道建设，经销商只需向九江银行申请授信并将一定比例自有资金支付至九江银行，九江银行将为经销商签发银行承兑汇票至供应商，供应商收到银票后将货物交付给合作平台，经销商在归还对应贷款后可申请提货。以钢材交易的真实贸易背景，通过引入合作平台的模式，在整合系统、流程、制度的基础上，九江银行有效解决了钢材经销商的融资问题，提升了钢铁行业的资金周转效率。

2. 汽车行业。九江银行成立汽车金融事业部，专注服务汽车行业。针对汽车销售场景，九江银行准确把握实质风险，基于汽车销售的特殊性，与主机厂、经销商、第三方监管公司共同搭建供应链融资模式。该模式下，主机厂进行部分担保，第三方监管公司见证见车，九江银行为经销商授信准入，并签发银票支付至主机厂，在经销商无须提供更多抵（质）押担保的情况下，解决经销商融资问题，加速汽车行业下游周转。九江银行为主机厂提供"票据池+商票保贴"模式，主机厂基于

82

票据池额度，可签发商票至上游供应商，九江银行提供商票保贴。一方面，主机厂可实现零成本融资支付，减少应收账款确权成本；另一方面，上游经销商可快速实现商票再融资或继续支付，有效盘活汽车行业上游应收账款。

3.有色金属行业。有色金属行业是制造业的重要基础之一，是实现制造强国的重要支撑。在有色金属行业供应链金融场景下使用商业汇票，可凭借核心企业的信用背书，或将核心企业与上下游企业真实贸易进行资信捆绑等方式为中小企业增信，从而打通链接产业链上的中小企业融资需求，更好地发挥商业汇票为中小企业融资的功能。九江银行深入本土铜产业链，联动核心企业及上下游中小企业，通过票据池业务、商票保兑业务等多产品组合形式，为采矿、矿石采购、冶炼、销售等多节点企业提供票据融资服务。2020年7月，九江银行作为项目推动者和总协调人，助力华泰证券股份有限公司"江铜九银2020年度第一期标准化票据"成功发行，此为江西省首单、有色金属行业全国首单标准化票据业务。

五、探索创新，服务绿色金融

（一）课题探索，转换落地

2019年，人民银行南昌中心支行、中央财经大学绿色金融国际研究院和九江银行联合发起"绿色票据评价标准研究及推广实施路径课题"，共同在绿色票据标准制定、识别、评价以及推广方面探索一条可操作、可持续、可推广的实施路径，从绿色票据入手助力绿色金融体系搭建，服务中小微企业绿色转型发展。基于该课题研究成果，2020年3月25日，江西省金融学会印发《江西省绿色票据认定和管理指引（试行）》，九江银行于次月完成首笔绿色票据业务落地。从标准制定到系统建设再到实施推广，九江银行深度参与，致力于使用票据提升绿色产融服务能力。

（二）绿色票据，服务绿色

绿色票据是指符合相关认定标准，运用于支持环境改善、资源节约高效利用、应对气候变化等相关的绿色产业经营活动或项目建设运营的商业汇票，包括绿色银行承兑汇票和绿色商业承兑汇票。认定标准主要为绿色票据主体签发或贴现的商业汇票、交易标的是用于绿色项目的商业汇票、交易标的是绿色产品的商业汇票。

九江银行为绿色票据业务申请开辟绿色通道，给予绿色票据承兑手续费、绿色票据贴现利率优惠，打通了人民银行再贴现资金通过绿色票据传导到实体企业的路径，有效支持了绿色建筑、新能源汽车、资源循环利用等绿色产业的发展。2020年，九江银行累计办理绿色票据承兑6.6亿元，累计办理绿色票据贴现7.9亿元，为26户企业提供绿色票据融资支持，进一步发挥了绿色金融对实体产业的引导和支持作用，践行了九江银行"绿色金融银行"的市场定位。

供稿单位：九江银行

执 笔 人：秦书卷　赵思彦　李　桦

第三部分

CHAPTER 3

票据市场产品创新实践

供应链票据平台建设概述

一、供应链票据平台建设背景

供应链金融是金融与实体经济紧密结合的一种形式，有利于提升产业链运行效率，提高中小企业的融资可得性，降低融资成本。推动供应链金融规范发展，是顺应产业组织形态变化、优化金融资源配置的重要举措，将有效助力形成国内国际双循环相互促进的新发展格局。2017年10月，国务院办公厅发布《关于积极推进供应链创新与应用的指导意见》（国办发〔2017〕84号），明确指出要积极稳妥发展供应链金融。2020年9月，人民银行等八部门联合印发了《关于规范发展供应链金融　支持供应链产业链稳定循环和优化升级的意见》（银发〔2020〕226号），从准确把握供应链金融的内涵和发展方向、稳步推进供应链金融规范发展和创新、加强配套基础设施建设、完善政策支持体系、防范风险、严格监管约束等方面提出23条政策要求和措施，为供应链金融规范、发展和创新指明了方向。

票据天然契合供应链企业的需求，在便利企业支付、结算、融资中发挥着重要作用，是契合供应链金融发展特点的金融工具。同时，票据是法定的应收账款确权凭证，具有法律关系清晰、流转和融资体系完备、监管制度健全等优势。票交所自成立以来，通过制度建设和系统建设，重构了票据市场的生态环境，推动票据市场从区域分割、信息不透明、以纸质票据和线下操作为主的传统市场向全国统一、安全高效、电子化的现代市场转型，为深化票据在供应链金融中的应用奠定了坚实基础。

2019年6月13日，人民银行行长易纲在第十一届陆家嘴论坛上提出要"支持上海票据交易所在长三角地区推广应收账款票据化"。2020年5月26日，易纲行长在"两会"期间接受媒体采访时提出，要进一步加大对中小微企业的金融支持，其中一项重要举措便是大力发展供应链金融，推动应收账款更多使用权责清晰的商业汇票。为了进一步发挥好票据在供应链中的作用，提升票据服务实体经济效能，破解中小企业融资难题，支持供应链金融规范发展，在人民银行的指导下，票交所积极探索，将票据嵌入供应链场景，推出了供应链票据平台。

二、供应链票据平台主要功能

供应链票据平台依托电子商业汇票系统（ECDS）建设，通过与符合条件的供应链平台对接，为企业提供出票、承兑、背书、质押、保证、贴现、存托、交易、到期处理、信息服务等商业汇票全生命周期电子化线上服务，支持金融机构通过贴现、标准化票据等方式为企业融资。

一是企业信息注册登记。企业通过供应链平台在供应链票据平台上进行信息注册登记，票交所依托企业信息库进行核验后完成登记。各供应链平台依托其风控机制对企业身份的真实性和有效性进行认证。二是票据等分化签发和流转。企业间因交易行为形成应收应付关系时，可以直接在供应链票据平台上完成票据的签发和流转。三是票据贴现和标准化票据存托等融资功能。金融机构可以通过供应链票据平台开展供应链票据贴现业务，为企业提供融资；也可以以供应链票据作为基础资产开展标准化票据存托业务，为企业融资引入债券市场资金。四是交易功能。金融机构贴现供应链票据后，可以在银行间市场开展票据转贴现、回购交易，进一步提高供应链票据流动性。五是到期线上清算。供应链票据到期后，供应链票据平台会自动代持票人发起提示付款，承兑人开户机构根据承兑人的指令，线上划付资金完成票据结清。

从签发端看，供应链票据平台从源头上实现应收账款票据化，有利于企业间应收应付关系的规范化和标准化，培育商业信用；从支付端看，供应链票据可以在企业间转让，有利于抵消企业应收应付款，提高中小企业账款的周转率，优化企业财务结构；从融资端看，供应链票据可以通过贴现或标准化票据融资，增强中小企业的融资可得性。

三、供应链票据平台的创新和应用价值

通过供应链票据平台签发的电子商业汇票即供应链票据，有四方面的创新和应用价值：

一是将票据嵌入供应链场景，从源头推进应收账款票据化。供应链平台通过科技赋能，将核心企业与产业链上下游企业之间的物流、商流、信息流、资金流等信息进行整合，可以较为直观地反映出企业间的交易关系。供应链票据平台则为企业提供了办理票据业务的新渠道，企业可直接通过供应链平台完成供应链票据的签发、流转和融资，从而进一步推进票据的供应链场景化使用，提升企业办理票据业务的便利性和用票意愿，从源头上促进应收账款票据化。

二是科技赋能，创新实现等分化签发。供应链票据平台通过技术手段创新实现了票据的等分化签发，目前标准金额是0.01元。如果企业通过供应链票据平台签发100万元票据，实质上是签发了由1亿张0.01元供应链票据组成的票据包，从而满足票据任意金额流转和融资的需求，大大提高了企业用票的灵活性，解决了企业持票金额与付款金额不匹配的痛点。

三是传递核心企业优质信用，提高企业融资可得性。由于供应链场景下企业间的交易关系更具可见性，且供应链票据可以有效实现信用传递，让产业链上的中小微企业分享核心企业的优质信用，因此，供应链票据更容易获得金融机构的优惠融资价格。在供应链票据融资实践中，通常贴现利率较同期贷款利率低100~150个基点，有效为企业节约了成本。此外，供应链票据也可以作为标准化票据的基础资产通过债券市场融资，进一步拓宽了企业的融资渠道。

四是有利于促进商票市场发展。商业承兑汇票在破解中小微企业融资难方面具

89

有独特优势，但由于信息不对称，商票的流动性和可接受度还不够高。供应链票据通过连接供应链平台形成了独特的运行机制和业务模式，可利用资金流、信息流、物流等信息综合甄别和监测交易关系，增强信息协同效应，提高了基于商业信用的商票的可接受度，从而有助于促进商票市场的发展。

供应链票据平台自2020年4月24日投产上线以来，已接入中企云链（北京）金融信息服务有限公司、简单汇信息科技（广州）有限公司、上海欧冶金融信息服务股份有限公司3家供应链平台以及中国互联网金融协会，服务的企业覆盖制造、批发零售、软件信息、化工、农业、医药等行业。参与供应链票据业务的金融机构达数十家，为开展供应链票据业务的企业提供开户行服务，作为贴现人为企业提供贴现融资，或作为存托机构提供创设标准化票据等服务。2020年7月，供应链票据平台入选"中国（上海）自由贸易试验区第十批金融创新案例"。下一步，票交所将推动更多符合条件的供应链平台接入供应链票据平台，不断完善供应链票据平台功能，提高服务效率，促进票据在供应链金融创新发展中发挥更加重要的作用，更好服务实体经济。

供稿单位：上海票据交易所

执 笔 人：许文涛

供应链票据开启票据新时代

为更好地服务中小企业，支持供应链金融规范发展，经人民银行同意，票交所于2020年4月24日依托电子商业汇票系统推出供应链票据平台，与供应链平台对接，为企业提供供应链票据的等分化签发、承兑、背书、到期处理、信息服务等服务，积极推进应收账款票据化。供应链票据创新在我国票据市场发展中具有里程碑意义，其运行系统作为票据市场的重要基础设施，不但承载着供应链票据本身的全生命周期管理，而且将成为我国推行企业商业信用，推动金融服务实体经济、服务供应链中小企业的重要组成部分。

一、简单汇供应链票据业务概述

简单汇信息科技（广州）有限公司（以下简称简单汇）作为首批直连供应链票据系统的供应链平台，参与供应链票据系统的建设与迭代，积极贡献了自身多年服务实体经济与中小企业的技术积累、风控经验和产业智慧，在企业身份识别、贸易背景审核、票据等分化流转及企业信用额度管控等多个方面提出了宝贵意见，支持供应链票据业务的有效推广及平稳运行。截至2020年末，通过简单汇办理供应链票据业务的合作金融机构达到25家，其中办理融资业务的有14家；登记企业用户151

家，其中有49家实际发生业务；累计签发票据35笔，金额达1.24亿元，其中贴现5 387万元、存托6 620万元。

简单汇积极将多年的产业服务经验融入供应链票据业务创新，围绕智能制造、基础能源、建工、航空、农牧等国家重点支持产业的供应链生态，不断调整和完善产品功能，定制行业解决方案。截至2020年末，简单汇已设计完成10余个细分领域的供应链票据服务方案，并在智能制造、建工、农牧、化工4个行业实现了有效突破。在服务试点和业务推广中，供应链票据除了具备普通电子商业汇票的安全、便捷特点外，还具备快、真、安、活四大产品优势。

一是快：快捷签发、背书流转。主要表现：复用已有电票功能的银行账户完成登记，操作简单便捷；支持多银行账户登记供签发票据时选择，集中支付管理；票据全生命周期管理均在一个平台完成，流转清晰可视。

二是真：嵌入供应链场景。主要表现：注册环节嵌入数据风控，多重交叉校验票据主体真实性；签发环节核验交易背景，增强票据信用，提高变现能力；票据全生命周期中持续的相关主体异常和风险预警服务。

三是安：受《票据法》保护。主要表现：属于高度标准化的电子商业汇票，市场接受程度高；直连票交所交易系统，可向众多会员机构申请贴现；可线上发起存托，创设标准化票据，直连债券市场。

四是活：支持任意金额流转。主要表现：票据包以1分为标准单位，企业可灵活按需组合使用；到期统一提示付款，减少企业财务管理成本和操作风险；可选多家银行对比价格融资，也可通过标准化票据融资。

二、简单汇供应链票据业务创新实践

在严格遵循各级监管部门相关管理制度和票交所供应链票据业务规则的基础上，简单汇的供应链票据客户端功能研发和业务系统建设，充分调研了不同行业、不同供应链及众多大、中、小型企业的交易习惯和支付情况，恰当运用新兴技术来反映真实业务场景和满足企业实际需求，有效地将业务和技术创新落到了实体经济的生产经营之中，并为后续票据市场发展和基础设施迭代作出了积极的探索与实践。

（一）供应链票据签发与流转

1.银行账户登记与管理。为了防范伪假票据风险，提升票据业务服务质量，简单汇根据票交所票据账户主动管理的标准，设计了供应链票据账户登记与管理功能。平台注册认证企业可以委托简单汇向票交所系统线上登记其所有可办理供应链票据业务的银行结算账户信息，使企业能在一个系统中选择不同银行的结算账户签发供应链票据，较好地统一了付款流程，也简化了内部管理和业务操作。

2.签发环节的贸易背景。为在源头把控风险，供应链票据签发环节需要交易双方上传真实交易背景资料，并由供应链平台结合商流、物流及第三方数据流完成校验和审核。简单汇可以根据用户的不同交易习惯和行业规则，以实质重于形式的原则，灵活配置签发环节的业务流程，适当设定交易资料提供方式（由出票人或收票人单独提供，或由出票人和收票人共同提供），最大限度地匹配企业的真实供应链交易场景。

3.业务流的承兑与保证。为了支持企业集团的支付管理和增信机构的额度管理，简单汇在票交所系统规则下，将供应链票据出票人、承兑人和承兑保证人主体分离，分别设置承兑和承兑保证的业务审批功能。企业集团能够通过供应链票据的承兑审批流，统一管理成员单位的票据支付；增信机构能够通过供应链票据的承兑保证审批流，合理调配承兑人的担保额度。

4.票据包背书环节优化。针对企业付款习惯和管理要求，简单汇在供应链票据流转环节做了一系列的功能优化，用于增强操作便利和提升用户体验：一是票据包批量拆分背书功能，支持企业将一个票据包拆分为多个票据包后，同时发起背书指令，系统按顺序自动处理；二是背书流转的可视化，是指票据包背书流转信息以轨迹图的形式展现，企业按权限对其持有的票据包溯源时能一目了然。

（二）供应链票据贴现与存托

1.供应链票据贴现。供应链票据直接关联票交所票据交易系统，系统支持持票人通过供应链平台向交易系统会员机构发起线上贴现申请，为缓释持票人与贴现机构的信息不对称提供了技术条件，也为健康有序促进票据市场发展奠定了坚实的基础。

（1）供应链票据贴现创新实践的两种主要业务模式如下：其一是核心企业持有供应链票据贴现（见图3-1），其二是N级供应商持有供应链票据贴现（见图3-2）。其中，供应链票据保贴在商票保贴模式的基础上，进一步延伸了业务空间，使贴现申请人范围从一级供应商扩展到N级供应商群体。

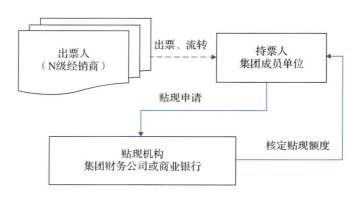

图3-1　核心企业持有供应链票据贴现

（2）供应链票据贴现创新实践的两个机构参与者如下：其一是商业银行，尤其是票据业务经验丰富的全国性股份制商业银行；其二是财务公司，尤其是具备延伸产业链金融服务试点资质的财务公司。其中，有试点资质的财务公司能够通过供应链票据贴现业务创新，将金融服务深入产业链，进一步促进集团主业的发展。

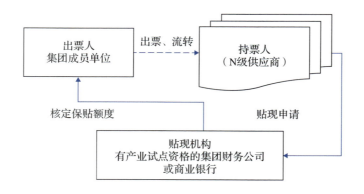

图3-2　N级供应商持有供应链票据贴现

（3）供应链票据贴现复用票据交易系统的两种结算方式如下：其一是票款对付（DVP），其二是纯票过户（FOP）。其中，贴现申请人结算银行与贴现机构不同的，采取DVP方式结算，供应链平台默认配置；贴现申请人结算银行与贴现机构相同或同属一个法人体系的，可以选择一种结算方式，贴现机构确定后由供应链平台单独设置。

2.供应链票据存托。供应链票据直接关联票交所票据交易系统，系统支持持票人通过供应链平台向存托机构发起线上存托申请。以此为基础，简单汇建设的供应链票据存托模块，为持票人、存托机构、其他服务组织提供了标准的信息交互和便利的操作流程，提升了标准化票据的创设效率。

（1）线上操作更高效。通过三笔以供应链票据为基础资产的标准化票据项目实践，简单汇逐步将存托产品创设及邀约、票据包拆分存托申请、基础交易资料归集与核验、协议定制与签署等业务流程线上化，不断提升用户体验和产品创设效率，创设时间从首笔的T+5压缩到第三笔的T+3。

供应链票据+标准化票据交易结构如图3-3所示。

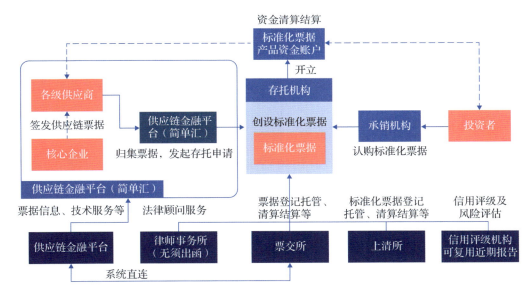

图3-3　供应链票据+标准化票据交易结构

（2）产品创设更简捷。目前，基础资产为供应链票据的存托直接通过票交所供应链票据平台的存托功能完成，投资者募集资金以DVP方式通过标准化票据产品资金账户划付原始持票人。相较于其他未贴现票据，存托机构无须以产品名义开立有限定电票账户功能的银行专户，也无须进行对应线下操作。

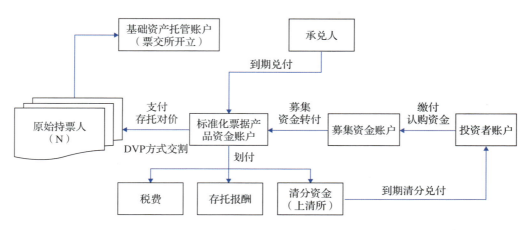

图3-4　基础资产为供应链票据出入金流程

（资料来源：金杜律师事务所）

三、供应链票据市场价值

简单汇围绕自身在全国范围的营销网络，与各级、各地监管部门和行业协会协同，通过参与行业座谈、专业培训、产品宣导等线上线下相结合的方式开展供应链票据业务推广，并且针对供应链票据业务功能、操作习惯、风控诉求、产品设计等问题组织了多次专业研讨和线上问卷调查。

截至2020年末，简单汇累计拜访100余家核心企业及其对应的数百家中小供应商，累计与国内40家代表性银行（其中国有商业银行4家、全国性股份制商业银行11家、民营银行5家、城市商业银行13家、农村商业银行4家、外资银行3家）、32家财务公司、15家证券公司进行了业务研讨和交流，充分获取了市场对供应链票据模式创新的反馈信息。

（一）核心企业看重商业信用推广和供应链管理提升

1. 供应链票据能够帮助核心企业推广商业信用。核心企业原使用银票支付，存在开票专项授信额度不足（开票即占额度）、额度使用成本较高（缴纳保证金、承兑费）等痛点，故核心企业发展到一定阶段便有推广自身商业信用的诉求。商票虽是商业信用很好的载体，但传统电子商票存在使用上的不便利，且融资成本偏高，导致供应商的接受程度普遍不高，推广存在障碍。

核心企业普遍认为，供应链票据能够很好地解决传统电子商票推广中的问题：一方面，票据包的设计，支持企业按最小0.01元金额自由组合支付，解决了便利性问题；另一方面，供应链票据平台的集中服务，解决了核心企业信贷资源供给和供应商票据融资需求的信息不对称，有效缓释了供应商融资难、融资贵的问题。

2. 供应链票据能够帮助核心企业优化供应链管理。成本和效率是核心企业供应链管理的主要关注点，体现在供应链金融领域中一般是通过调节支付方式和账期，调配产业信贷资源，进而促进供应链管理效率提升和运营成本降低。但是，核心企业要将优质信贷资源调配到自身供应链，惠及广大中小供应商群体，一直很难避免高效率但高成本，或低成本但低效率的困局。

核心企业普遍认为，供应链票据是支付工具，也是供应链管理工具：一方面，供应链票据场景化的产品嵌入，将核心企业优质信贷资源便捷地传递到各级中小供应商，供应链融资成本能够有效降低；另一方面，供应链票据平台化的管理设计，便于核心企业统筹下属产业、公司的供应商管理和信贷资源配置，产业协同能力能够显著提升。

（二）供应商看重融资难度、融资成本和使用便利性

1. 供应链票据能够帮助供应商稳定融资渠道。由于信息不对称、应收账款融资操作风险等多种原因，中小企业融资难的问题并没有因为供应链的交易关系而得到有效缓释，尤其是对于多级、中小供应商。

供应商普遍认为，能够借助供应链票据的贴现、质押或存托等多种融资方式，直接关联核心企业的优质信贷资源，构建稳定、丰富的融资渠道，缓释融资难的问题。

2. 供应链票据能够帮助供应商降低融资成本。核心企业利用自身优质信用来

帮助供应商降低融资成本，一般很难惠及一级之后的供应商群体。供应商的层级越高，面临的融资需求一般会越多，但融资成本一般也会越高。

由此，供应商普遍认为，能够借助供应链票据标准化、场景化的优势，点对点地获取核心企业的优质信用及信贷资源，借助供应链平台获取更加对称的信息，显著降低自身融资成本。

3.供应链票据为供应商提供了较好的便利性。由于中小企业普遍呈现出支付"零碎、分散"和融资"高频、低额"的特征，因此供应商群体除了关注融资渠道和成本，对使用便利性的敏感度也很高。

供应商普遍认为，能够借助供应链票据包拆分组合的优势，便捷地完成各种零散支付，也能通过供应链平台线上向核心企业的优质信贷渠道发起贴现（或存托），快速完成融资变现。

（三）金融机构看重普惠、强化风控和降低运营成本

1.供应链票据灵活性：优质的普惠金融工具。围绕优质供应链，服务产业生态圈的中小微企业，一直是金融机构践行普惠金融的重要举措。而供应链票据在支付上的便捷与灵活，能够让金融服务通过优质商业信用，有效地渗透到实体产业的毛细血管，覆盖更广、更多的中小实体企业，因此供应链票据业务创新非常契合金融机构的普惠金融导向。

2.供应链票据场景化：有效的风险管理抓手。基于自偿性融资理论，金融机构常常借助实体供应链场景来核验交易真实性，达到商流、物流和资金流的三流合一，进而强化信贷风险管理。而供应链票据直接嵌入实体供应链场景，不但从源头上确保和锁定了未来现金流，也使整个供应链债权关系流转更加可视和标准，能够为金融机构的业务风控提供有效帮助。

3.供应链票据科技化：降低获客和运营成本。物联网、区块链、大数据、云计算、人工智能等新兴技术在金融领域的应用，很大程度上是为了降低金融机构在获客和运营上的成本。而供应链票据以金融科技平台为载体，充分发挥新兴技术在主体核验、资料审查、流程线上化等业务运营和风控方面的积极作用，能够在特定场景下有效地帮助金融机构缓释其与实体企业之间的信息不对称，较好地降低自身操

作风险和业务成本。

四、供应链票据市场展望

2020年，供应链票据一经推出，其等分化、场景化的优势就得到了参与企业和机构的一致好评，其技术和业务上的创新也获得了市场和行业的普遍认可。在新业务模式、新技术应用和新参与主体的综合加持下，供应链票据将迎来广阔的业务发展空间，为票据市场定价、交易等机制带来深远影响，并与标准化票据创新组合成为连接票据市场与债券市场、交易银行与投资银行的重要桥梁。

（一）广阔的业务发展空间

供应链票据兼备了应收账款电子债权凭证的灵活性和传统电子商业汇票的标准化，兼顾了实际供应链场景中的企业交易习惯和金融机构信贷管理中的业务风控要求，能够顺应应收账款的票据化和商业信用体系建设的发展趋势，开辟出广阔的业务空间。

1.应收账款的票据化。相较于不同应收账款电子债权凭证的差异性，供应链票据作为票据相关法律约定的支付工具，其要素、格式、流程、权责划分等业务规则完全统一，天然适用于不同行业、核心企业的供应链交易场景，可以平稳、有序地推动企业应收账款标准化。因此，随着基础设施和业务模式的不断完善，供应链票据能够有效地覆盖万亿元级的应收账款市场。

2.商业信用体系建设。由于信息不对称和商业信用体系的不健全，在票据市场交易中，绝大部分是代表银行信用的银行承兑汇票。但是，随着商业汇票信息披露等相关制度和机制的完善，代表商业信用的票据业务占比将逐步提高，而供应链票据嵌入产业场景的特点，能够从业务源头把控交易真实性，将成为商业信用体系建设的重要补充，从而有效地扩大商业承兑汇票的市场空间。

（二）推动市场机制的演化

供应链票据是在传统电子票据业务的基础上，结合市场实际情况和风险管理需求，借助新技术、新机制和新成员，对业务规则和系统功能进行优化，进而构建出的创新产品。因此，供应链票据的发展必将进一步丰富票据市场的定价机制和融资模式。

1.定价机制的演化。供应链票据融资定价机制可能会向两个方向变化：其一，按照业务规则，供应链票据十分注重支付属性，所以融资定价在关注票据信用主体资质的基础上，将增加对贸易自偿性、交易稳定性的考量。其二，随着贴现功能的完善，供应链票据持票人能够获取更多的融资渠道及价格信息，主要定价方式会逐步从线下一对一协商确定变为线上竞价选择。

2.融资模式的演化。供应链票据融资模式可能会出现两个主要变化：其一，业务线上化。企业能通过供应链票据平台完成与所有交易系统会员之间的，包含贴现、质押、存托等在内的所有票据融资业务的信息交互，这为机构开展全线上票据融资奠定了基础。其二，流程简约化。供应链票据在源头上的风控基础能够帮助融资机构减少信贷管理中的信息不对称，进而简化开户管理、融资审核等业务流程，全面提升用户体验。

（三）成为重要的市场桥梁

供应链票据因为在产品和系统上的天然优势，能够有效地解决标准化票据在资产归集、信息披露等方面的问题，可能成为未来票据市场连接债券市场的重要模式，也能为供应链金融投行化提供范例。

1.供应链票据与标准化票据是天然组合。在供应链票据与标准化票据的组合中，供应链票据是资金出口，流向实体经济的毛细血管，而标准化票据是资金入口，从债券市场引入优质资金，两者的组合浑然天成。另外，供应链票据平台自带存托功能模块，支持其在线申请和项目管理，产品创设更加简捷高效，两者系统流程一脉相通。这种联动机制能够在票据与债券之间搭建起稳固、通畅的桥梁，形成健康、可持续的发展态势。

2.将产生更多的供应链金融投行化范例。供应链中小企业需要集中、规模化的投行资源加持，但机构投资业务却因资产标准不一、操作成本过高等问题难以深入产业链，因此供应链金融业务投行化一直难以找到有效的实现路径。而供应链票据与标准化票据在产品和系统上高度契合，天然符合供应链金融投行化的发展方向，必然会吸引更多的专业机构与优质资源参与创新和实践，源源不断地为金融赋能实体经济提供优秀的示范案例。

供稿单位：简单汇信息科技（广州）有限公司

执 笔 人：陈　佳

创新驱动票据业务变革
科技赋能服务实体经济

2020年9月，人民银行等八部门联合印发《关于规范发展供应链金融 支持供应链产业链稳定循环和优化升级的意见》，首次明确了供应链金融的内涵、发展目标和创新方向，指出要提升应收账款的标准化和透明度，支持金融机构与人民银行认可的供应链票据平台对接，鼓励银行为供应链票据提供更便利的贴现、质押等融资方式，同时提出完善供应链票据平台功能，加强供应链基础设施建设，充分肯定了供应链票据对供应链金融发展的重大意义。

一、以创新驱动，积极参与供应链票据试点运行

（一）供应链票据实现对传统票据的突破创新

2020年4月，票交所建设的供应链票据平台上线运行。供应链票据开立及流转均遵循《票据法》和《电子商业汇票业务管理办法》等法律法规的有关规定。供应链平台通过与票交所系统对接，为核心企业及其上下游企业直接在平台上提供供应链票据的签发和流转服务，通过将票据的签发嵌入供应链场景，从源头上推动了企业应收账款票据化，降低企业应收账款过多带来的各项成本以及资金周转风险。供应链票据还有一大特征是支持等分化流转，最小可拆分单位精确到分，相比传统票据

而言，供应链票据支付流转的灵活性得到了极大提升，可更好地满足企业差异化、零碎化的支付需求。供应链票据的诞生是对传统票据的突破式创新，是票据创新史上的重要里程碑。

（二）把握创新机遇，引领供应链票据贴现业务

供应链票据业务一经推出，中信银行便以多年票据业务积累的综合能力，成为首批供应链票据试点开户行。2020年6月，为进一步解决供应链中小企业融资难题，票交所在人民银行的指导下组织开展供应链票据试点贴现业务，中信银行积极响应号召，快速完成供应链票据试点贴现的多项业务准备。在首批试点贴现发生的10笔业务中，5笔在中信银行落地，合作的供应链平台涵盖中企云链、简单汇、欧冶金服平台，中信银行在试点金融机构中拔得头筹。8月，在深圳特区成立40周年之际，中信银行积极响应人民银行号召，落地深圳地区首单供应链票据贴现业务，为特区成立40周年献礼。在试点期间，中信银行共为供应链中小企业提供1.7亿元贴现资金，体现了中信银行服务好中小客户、支持企业复工复产的责任担当。2021年1月，中信银行完成供应链票据与票交所系统直连对接，实现了直连模式下供应链票据的贴现、转贴现和再贴现功能，与中企云链合作落地行内首笔直连模式供应链票据贴现业务，与南京银行合作落地市场首笔供应链票据跨行贴现业务。中信银行在供应链票据试点中的一系列创新举措，进一步增强了票据业务综合服务能力，提升了票据服务实体经济的广度和精度。

（三）运用组合创新，首发"供应链票据+标准化票据"

2020年7月，"中信银行广州TCL简单汇2020年第一期供票标准化票据"产品创设成功，该产品是全国首单"供应链票据+标准化票据"组合创新产品。标准化票据将票据交易机制进一步标准化，打通票据市场和债券市场，为票据融资提供新的模式。通过供应链票据和标准化票据的组合创新，前端供应链票据通过嵌入供应链交易场景保证贸易背景真实性，以此降低标准化票据的信用风险；后端标准化票据又进一步为底层资产增信，加强前端优质票据资产融资的可得性，加快优质票据资产流转，提升票据融资效率，推动解决供应链中小企业融资难、融资贵的问题，进一

步拓展票据业务的应用边界。

二、以科技赋能，优化票据服务实体经济

票据作为企业支付结算与融资的重要工具，是金融服务实体经济的重要手段。为了做好中小微企业和民营企业金融服务，切实服务好实体经济，中信银行以为客户谋价值、为社会尽责任为使命，坚持科技赋能，以创新驱动业务高速发展。

（一）走创新发展之路，解企业融资难题

中信银行深入供应链场景，围绕供应链企业痛点，创新研发多款票据质押融资及线上贴现产品，为企业提供高效、多样化的票据融资方式。

为解决企业票据管理和融资难题，中信银行对原有票据池产品进行全面升级，为企业客户打造全新的线上资产池产品"信e池"，在管理机制、服务模式和具体功能方面均进行了重大升级，具有入池资产范围广、融资产品覆盖全、操作办理全线上、集团管理功能强等突出优势，成为企业全面流动性资产管理的智慧助手。

为助推核心企业商业信用流转，进一步降低企业开票成本，同时解决商票融资难问题，为供应链小微企业提供便捷的融资通道，中信银行推出"信商票"线上贴现产品，支持供应链中小企业基于核心企业信用发起线上商票贴现申请，系统自动审核、实时放款。为解决传统票据贴现业务手续多、流程长、放款慢的问题，中信银行为小微企业打造了全线上化银票自助贴现产品"信秒贴"，使客户通过企业网银操作，足不出户即可实现贴现资金秒级到账，后续又进一步升级推出了"快速贴现"产品，更好地满足大中型企业的贴现需求，实现了服务客户类型的全覆盖，以实际行动支持普惠金融、发展绿色信贷、助力中小企业、服务实体经济。

（二）创新驱动发展，科技赋能未来

随着互联网金融的不断拓展、金融改革的持续推进，供应链金融服务将向着智能化、特色化、专业化方向发展，运用金融科技手段，充分整合物流、资金流、信息流等信息，为供应链核心企业及上下游企业提供系统性的金融解决方案。随着

应收账款票据化的不断推进和商业汇票电子化的深入发展，票据的支付结算和融资功能将会进一步得到拓展，在供应链金融服务中发挥重要作用。中信银行将继续以"最佳综合金融服务银行"为己任，不断探索票据服务实体经济的创新路径，以实际行动支持中小微企业，为促进经济良性循环和优化布局、实体经济提质增效贡献力量。

供稿单位：中信银行

执 笔 人：黄　文

▶ **第二篇 标准化票据**

标准化票据在
票据市场基础设施的业务框架

一、标准化票据业务落地情况

2019年，在人民银行的指导下，票交所开展了标准化票据试点。2020年6月28日，人民银行正式发布《标准化票据管理办法》（中国人民银行公告〔2020〕6号，以下简称《管理办法》），明确了标准化票据的管理框架。根据《管理办法》，标准化票据是指存托机构归集核心信用要素相似、期限相近的商业汇票组建基础资产池，以基础资产池产生的现金流为偿付支持而创设的等分化受益凭证，属于货币市场工具。标准化票据的主要参与机构包括存托机构、原始持票人、票据经纪机构等。符合一定条件的商业银行或证券公司可以担任存托机构，为标准化票据提供基础资产归集、管理、创设及信息服务。标准化票据的基础资产需要满足相应条件，如承兑人、贴现行、保证人等信用主体的核心信用要素相似、期限相近；依法合规取得，权属明确、权利完整，无附带质押等权利负担，等等。标准化票据在银行间债券市场和票据市场交易流通，适用于现券买卖、回购、远期等交易品种。

2020年，标准化票据成功创设57只，金额61.18亿元，已完成兑付31只，兑付金额32.26亿元。从创设规模看，标准化票据平均创设规模为1.07亿元，共38只标准化票据的单只创设规模低于1亿元，占比66.67%。从期限结构看，标准化票据期限90

天以内的有19只，占比33.33%；90~180天的有21只，占比36.84%；180天以上的有17只，占比29.83%。从基础资产类型看，以已贴现票据为主，基础资产为已贴现票据的有34只，金额45.76亿元，占比74.8%（见表3-1）。从原始持票人交易利率看，其高低与基础资产类别有关，基础资产为已贴现银票的，原始持票人加权平均交易利率为2.96%；为已贴现商票的，原始持票人加权平均交易利率为3.14%；为未贴现银票的，原始持票人加权平均交易利率为2.74%；为未贴现商票和供应链票据的，原始持票人加权平均交易利率为3.37%。从基础资产信用主体的信用等级看，基础资产信用主体为AAA级企业或金融机构的标准化票据为43只，金额49.81亿元，占比81.42%。从基础资产的票面金额看，基础资产平均票面金额为757.16万元，票面金额500万元以上的有47只，金额54.38亿元，占比88.9%。

表3-1 基础资产分布情况

基础资产类别		标票数量（只）	票据金额（亿元）	金额占比（%）
未贴现票据	普通电票	20	14.76	24.13
	供应链票据	3	0.66	1.08
已贴现票据		34	45.76	74.80
总计		57	61.18	100.00

数据来源：上海票据交易所。

二、标准化票据信息披露规则

2020年7月28日，经人民银行备案同意，票交所、全国银行间同业拆借中心（以下简称同业拆借中心）和上海清算所联合发布《标准化票据信息披露规则》（票交所公告〔2020〕2号，以下简称《信息披露规则》）。《信息披露规则》共有5章23条，适用于标准化票据信息披露义务人的信息披露行为。存托机构作为标准化票据信息披露义务人，应当通过信息披露平台在票据市场及银行间债券市场进行信息披露并对其披露信息及材料的真实性、准确性、及时性和完整性负责。信息披露平台包括票交所、同业拆借中心、上海清算所运营的官方网站和信息披露相关系统。信息披露具体要求如下。

（一）创设前信息披露

创设前，若公开归集基础资产，存托机构应直接或委托票据经纪机构在归集前至少三个工作日发布基础资产申报公告，并在归集完成时披露申报结果公告和基础资产清单。

基础资产归集完成后，存托机构应在标准化票据创设前至少一个工作日披露存托协议、基础资产清单、信用主体在债券市场的主体信用评级报告或对标准化票据投资价值判断有实质性影响的信息（如信用主体在当年同业存单发行计划中披露主体信用评级的可以豁免）、风险揭示书和认购公告。

在已公告的认购日之前，存托机构根据存托协议约定需要变更认购公告中认购日、缴款日、初始登记日等日期的，存托机构应重新披露变更日期后的认购公告，并说明变更原因、日期变更情况等信息。

（二）创设后信息披露

认购结束后，存托机构应当在认购结束之日起一个工作日内发布标准化票据认购情况公告和标准化票据创设结果公告。投资者未足额认购、未足额缴款或归集的基础资产规模不足，存托机构应在创设结果公告中披露失败原因。同时，存托机构应于创设结果公告发布之日起五个工作日内向中国人民银行报告创设情况。

（三）存续期信息披露

1.与基础资产相关的重大事件披露。标准化票据存续期间，存托机构应关注基础资产兑付情况，如基础资产逾期未能兑付的，存托机构应在基础资产逾期之后两个工作日内披露相关基础资产清单、基础资产逾期的原因、产品违约风险提示等。同时，若发生任何影响基础资产价值的重大事件（包括但不限于《信息披露规则》中列举的事件），存托机构应自获得相关信息之日起三个工作日内向投资者披露。若发生存托机构变更、解任或是存托协议变更的，存托机构应在变更生效日之后的两个工作日内披露。

2.产品兑付的信息披露。标准化票据兑付日之前三个工作日，存托机构应发布兑付公告，如实反映存托机构与基础资产付款人的实际沟通情况。无法确定标准化票据在兑付公告发布日能够全额兑付或预计不能全额兑付的，存托机构应在兑付公告中进行说明。标准化票据未能在兑付日全额兑付的，存托机构应当在兑付日之后一个工作日内披露产品未能按期兑付的情况和原因，并在召开标准化票据持有人大会之后三个工作日内披露违约处置计划和基础资产追索、诉讼、收益分配等相关工作进展。

三、标准化票据基础资产托管结算规则

2020年7月28日，经人民银行备案同意，票交所发布《标准化票据基础资产托管结算规则》（票交所公告〔2020〕3号，以下简称《托管结算规则》）。《托管结算规则》共有8章28条，明确了存托机构办理存托业务前的接入准备，规范了相关账户的开立和管理要求，规定了基础资产的登记托管、到期处理和清算结算规则。

（一）办理存托业务前的接入准备

1. 存托机构接入。符合《管理办法》第六条要求的金融机构法人，可以申请以存托机构身份接入票交所，开展标准化票据基础资产归集、管理业务。

2. 产品接入。已接入票交所系统的存托机构法人，应当为拟创设的每只标准化票据在票交所系统设立独立的产品参与者（以下简称标准化票据产品），用于受让该只标准化票据的基础资产。

（二）账户开立和管理

标准化票据基础资产托管结算流程中共涉及两类账户：一是所有标准化票据产品均需开立的基础资产托管账户与标准化票据产品资金账户；二是基础资产为未贴现电子商业汇票（供应链票据除外）的，还需开立用于办理电子商业汇票业务的账户（以下简称电票账户）。

1. 基础资产托管账户。由票交所系统在标准化票据产品申请接入后自动为其开立，用于记载标准化票据产品持有的已存托基础资产权属、余额及其变动等情况。

2. 标准化票据产品资金账户。标准化票据产品资金账户用于办理基础资产存

托、托收和追索等相关业务资金清算结算以及入金、出金等资金收付，资金账户名称应当与标准化票据产品全称一致。

3.电票账户。存托机构应在票交所接入机构为标准化票据产品开立电票账户，并委托开户机构将产品电票账户信息维护至票交所系统。电票账户用于受让该只标准化票据产品的基础资产，且仅开通背书转让、提示付款、追索业务功能。

（三）基础资产登记托管

在存托环节，若基础资产为未贴现电票（供应链票据除外），原始持票人通过电子商业汇票系统（以下简称ECDS）将票据背书转让至标准化票据产品，投资者募集资金由存托机构通过电票账户划付至原始持票人；若基础资产为已贴现电票或供应链票据，原始持票人通过票交所系统完成存托，投资者募集资金以票款对付（DVP）方式通过标准化票据产品资金账户划付至原始持票人。

（四）基础资产到期处理

1.提示付款业务。已存托基础资产的提示付款业务，按照《票据交易管理办法》中票据到期处理相关规定办理。在基础资产到期日，存托机构通过票交所自动发起提示付款申请。

2.追索业务。已贴现基础资产到期后被拒绝付款或者付款行、付款人开户行资金账户余额不足导致票交所系统扣划失败的，存托机构可自基础资产到期日后的次一工作日起手动发起追索。未贴现基础资产追索按照《电子商业汇票业务管理办法》中相关规定办理。

（五）资金清算结算

1.存托业务资金清算结算。已贴现电票与供应链票据存托时，应提前办理入金业务。票交所依据存托业务双方委托，按照原始持票人与标准化票据产品对该笔业务的应收应付义务，于结算日遵循实时逐笔的原则以DVP结算方式办理票据和资金的结算。未贴现电票（供应链票据除外）存托时，由存托机构以标准化票据产品名义与原始持票人自行线下结算。

2.提示付款业务资金结算。基础资产提示付款日，已付款确认或提示付款应答为同意付款的，票交所依据承兑人或承兑人开户行、承兑保证人委托将票据到期款项扣划至标准化票据产品资金账户。

3.追索资金结算。存托已贴现电票的追索人发出追索指令的，票交所依据追索顺序扣划被追索人账户款项。存托未贴现电票的追索资金结算，标准化票据产品作为追索人获得清偿的，存托机构应于当日将清偿资金划付至标准化票据产品资金账户。

供稿单位：上海票据交易所

执 笔 人：唐潇晴

城市商业银行
关于标准化票据业务的探索实践

2020年2月14日，人民银行发布《标准化票据管理办法（征求意见稿）》，6月28日发布《标准化票据管理办法》（以下简称《管理办法》），对标准化票据这一创新产品作出定义，同时规范其融资机制，这标志着标准化票据掀开新的发展篇章。

城市商业银行作为票据市场的重要参与者，紧跟标准化票据的创新步伐，积极参与产品创设，推动自身票据业务开拓发展。

一、宁波银行标准化票据创设情况

（一）产品创设概况

2020年，作为首批拥有存托资质的银行机构，宁波银行积极参与标准化票据的创设与探索。在人民银行、票交所、上清所等的指导与支持下，宁波银行于7月30日成功创设全市场首单以未贴现银票为基础资产的标准化票据，后又陆续创设以已贴现银票为基础资产的标准化票据。

截至2020年末，宁波银行合计披露创设8期产品，金额4.5亿元，其中未贴现票据3期（见表3-2）、已贴现票据5期，创设金额、创设数量在银行类存托机构中名列首位。

表3-2　2020年未贴现票据创设项目信息

产品名称	存托机构	规模（万元）	承兑人	信用主体等级	期限（天）	企业端融资利率（％）	披露日	同期直贴利率参考（％）
宁行票企赢2020年度第一期标准化票据	宁波银行	10 000	江苏银行	AAA	288	2.80	7月28日	2.90
宁行票企赢2020年度第三期标准化票据	宁波银行	5 000	宁波银行	AAA	91	2.80	9月8日	3.05
宁行票企赢2020年度第四期标准化票据	宁波银行	5 000	中信银行	AAA	126	2.78	9月18日	3.00

（二）商业银行创设标准化票据的意义

随着经济的发展，当前企业的金融需求日趋多元化、复杂化，银行的业务创新及服务面临更多新的要求与挑战。标准化票据产品为银行机构带来新的机遇——丰富对企融资服务、实现轻资产运营、增加中间业务收益。

1.丰富对企融资服务。目前，银行通过票据为企业提供融资的方式以贴现或质押融资为主，标准化票据为银行开拓了为实体经济提供融资的新渠道、新方式。

对于大中型企业，标准化票据可以为这些企业提供融资方式的补充，增加银企合作多样性。

对于小微型企业，标准化票据为其搭建了直接对接银行间资金市场的融资渠道，降低了融资成本。

2.实现轻资产运营。银行作为存托或承销机构角色参与标准化票据的创设，为企业提供"媒介"服务，不耗用经济资本，是实现轻资产运营、有效提升净资产收益率的又一新方式。

通过轻资产运营优化产业结构，银行机构可以完善传统信贷业务之外的服务功能，提升综合经营收益。

3.增加中间业务收益。银行作为存托或承销机构角色参与标准化票据的创设，并不直接构成表内资产或负债。同时，存托费及承销费属于非利息收入，计入中间业务收入，能够为银行补充收入来源。

二、产品创设主要经验

（一）营销过程

1.企业端营销。标准化票据作为市场创新产品，企业对其认知度不高，宁波银行通过寻找目标客户群、前期产品预热、打动目标客户三步提升企业对创新产品的认知度、接受度，从而实现合作。

（1）寻找目标客户群。通过分析标准化票据的产品结构、特点及优势，宁波银行重点对两类企业客户群进行了产品的调研推介：一是核心企业所在供应链上下游企业，二是持有大量结算票据待贴现的企业。

（2）前期产品预热。考虑到企业端对于标准化票据的信息获取及认知程度不高，宁波银行制作了相关推介材料，介绍了标准化票据产品定义、功能、办理要求、办理流程等。在《管理办法》实施前，宁波银行通过举办线上线下产品推介会、发放宣传材料等活动进行前期预热。

（3）打动目标客户。宁波银行从企业真实需求的角度出发，用标准化票据的产品优势打动目标客户，帮助企业实现"额度自由""成本自由""流通自由"。

一是实现"额度自由"。通过创设标准化票据，在票据市场承兑行授信额度紧张、企业客户难以办理贴现的小行票可以在债券市场找到未使用的同业额度，为企业实现小行票贴现的相对"额度自由"。

二是实现"成本自由"。有大量票据结算的企业可以比较贴现价格和标准化票据融资价格，自由选择价格更低的融资渠道，实现"成本自由"。

三是实现"流通自由"。核心企业的商票、供应链票据通常只能在供应链之中流通。现在持票企业可以通过发行标准化票据，以核心企业的信用在银行间市场获得融资，从而实现"流通自由"。

2.投资端营销。标准化票据是票据市场的创新产品。对投资机构来说，一是投资渠道更加丰富，投资标的从债券市场扩展至票据市场；二是通过投资标准化票据，能够更好地推动供应链金融发展和服务实体经济。

（二）内部风险控制

在标准化票据产品创设过程中，宁波银行分阶段对产品做好风险控制与评估。

1. 资产归集期准入把控。除了《管理办法》规定的基础资产要求（核心要素相似等）外，宁波银行要求基础资产票面不涉及房地产等相关行业，同时需查看合同、发票、仓单等资料，对持票企业与其直接前手的贸易背景开展审查。

2. 创设期间操作把控。目前，宁波银行对创设期间操作的权限划分为两块：前端操作与后端操作。前端操作主要包括产品公告披露、认购情况跟进、款项分配计算等，由业务部门专岗负责；后端操作主要包括票据权属转移、款项划付、细节核对等，由清算中心专岗负责。两部分操作权限互相隔离，互相监督，严格把控操作风险。

3. 存续期间信息把控。在产品存续期间，宁波银行作为存托机构主要做好对产品相关信息的实时监控，及时披露对产品投资价值有实质性影响的信息。

三、实践案例

2020年7月30日，宁波银行创设"宁行票企赢2020年度第一期标准化票据"，基础资产为未贴现银行承兑汇票，金额1亿元，期限288天，承兑行为江苏银行，持票人为宁波银行合作贴现客户浙江YTXL制造有限公司，企业端融资利率较当期直贴利率低5~10个基点，助力企业拓宽融资渠道、降低融资成本。

（一）业务契机

该企业为宁波银行合作多年的客户，在业务与产品方面一直与宁波银行保持广泛且深入的交流，企业在日常结算过程中，会收到较多银行承兑汇票，部分票据有贴现融资的需求。在《管理办法》出台后，宁波银行随即走访了企业，现场为企业介绍标准化票据的产品构成、创设流程以及其连通票据市场和债券市场两大市场的产品优势，能够有效助力企业拓宽融资渠道、降低融资成本的意义。企业日常融资以传统贷款业务为主，作为能够丰富其融资方式的创新产品，企业对尝试标准化票据创设很感兴趣，也为宁波银行后续在首笔业务创设服务中与企业的沟通奠定良好的基础。

（二）业务筹备安排

1.前期准备阶段（7月20日至7月24日，历时一周左右）。一是定向归集基础资产。在前期和企业达成初步合作意向后，宁波银行后续逐周跟进企业的票源情况及融资需求，并将《存托协议》文本提前发送至企业进行法审流程的准备，企业在排摸手头票源后，最终确定以1亿元江苏银行承兑银票作为基础资产来创设标准化票据，并着手协议的签署工作。

二是积极对接投资人。在确定基础资产后，宁波银行随即开始对接投资人，通过发布产品推介材料，最终募集到有投资意向的机构两家，并与其确定发行价格与认购份额、认购方式等信息。

三是完成产品账户开户。在确定产品创设细节的同时，同步申请完成标准化票据产品相关账户开立工作。

2.创设阶段（7月28日至7月30日，历时3个工作日）。完成前期准备工作后，即进入创设阶段，按照票交所规定流程完成标准化票据发行，包括信息披露、认购、缴款和登记，具体流程如图3-5所示。

创设总耗时3个工作日，T日发布创设披露公告，T+1日完成投资人认购，T+2日完成投资人缴款、产品初始登记等全流程工作，为后续发行梳理、畅通了流程。宁波银行后续发行的标准化票据产品皆依照该时间安排推进，具体安排如表3-3所示。

表3-3　项目创设时间安排

时间	具体工作
T日	披露产品认购公告。
T+1日	投资人在同业拆借中心货币与债务工具发行系统进行认购，系统进行簿记。
T+2日	①投资人缴纳投资款，待款项到齐后宁波银行发送指令至原始持票人；②收到指令后，原始持票人将基础资产权属转移至宁波银行开立的标准化票据托管账户，宁波银行将融资金额分配给持票人；③在上清所、票交所完成标准化票据的登记托管，标准化票据正式创设，发布创设结果公告。

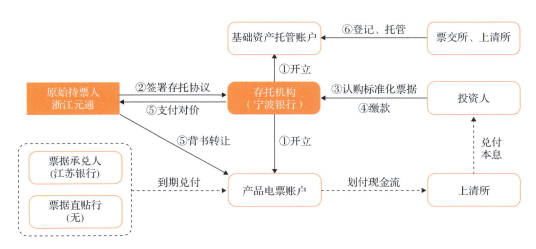

图3-5　票企赢一期项目交易结构

从产品创设的探索实践中，宁波银行发现标准化票据不仅为企业提供了新的融资渠道，化解了融资难、融资贵的难题，而且也为商业银行带来了新的机遇。未来，宁波银行将继续积极参与票据市场的实践创新，为票据市场的良性健康发展贡献一份力量。

供稿单位：宁波银行

执　笔　人：石晓蕾　孙雅琼　陈贝贝

证券公司参与
标准化票据业务的实践探索

2020年，标准化票据业务的推出，为我国票据市场的发展带来了机遇，也为证券公司打开了新的业务拓展空间，得到了证券公司的积极响应。

一、标准化票据试点情况

2019年4期项目试点后，2020年6月28日人民银行正式发布《标准化票据管理办法》（以下简称《管理办法》），规范标准化票据市场运作发展，着力支持中小金融机构流动性，更好服务中小企业融资和供应链金融发展，响应市场各参与方的诉求，积极发挥金融支持中小企业融资的作用，具有重大金融创新指导意义。

2020年7月28日《管理办法》正式实施，同日票交所发布《标准化票据信息披露规则》和《标准化票据基础资产托管结算规则》等配套细则，根据上述规定要求，14单标准化票据项目公开披露了存托协议、基础资产清单、认购公告等文件。

2020年7月30日，首批14单标准化票据创设成功，实现了为40余家持票企业提供融资服务，融资利率为2.20%~4.35%，7家商业银行及华泰证券、国泰君安证

券、平安证券3家证券公司成为首批成功创设标准化票据的存托机构。标准化票据
的发展历程如图3-6所示。

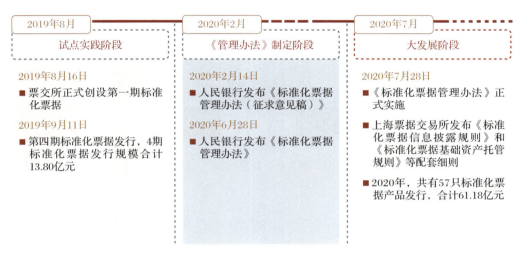

图3-6 标准化票据的发展历程

标准化票据是以票据资产现金流为偿付支持创设的货币市场工具。从资管新规
和《标准化债权类资产认定规则》来看，标准化票据基本符合标准化债权类资产认
定条件，未来可由金融市场基础设施向人民银行提交申请，并经过金融监管部门认
可后，进入标准化债权类资产名单。

二、证券公司标准化票据业务开展情况

票据贴现业务属于国家特许经营业务，2020年全市场票据签发承兑总规模超过
20万亿元，只有商业银行和财务公司具备贴现资格。证券公司作为存托机构，以存
托未贴现票据为基础资产发行标准化票据，可直接服务企业票据融资。证券公司通
过存托、承销标准化票据发挥一体化全业务链优势，可以帮助客户实现直接融资，
拉动投行债券承销，又能够带动基金和资管类产品投资，全链条服务客户投融资需
求。《管理办法》出台后，多家证券公司积极参与到标准化票据的存托和承销业务
中。证券公司参与存托的标准化票据交易结构如图3-7所示。

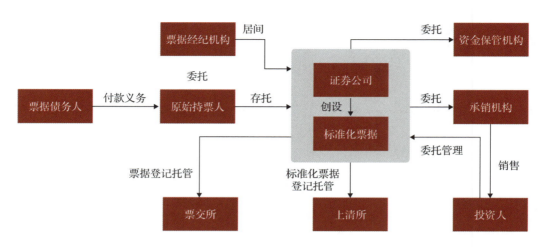

图3-7　交易结构

截至2020年12月31日，证券公司共创设30只标准化票据产品，合计金额426 609万元，多于银行发行的27只和185 177万元，涉及的资产类型包括已贴现银票、未贴现商票和已贴现商票，具体发行情况如表3-4所示。

表3-4　截至2020年末券商标准化票据产品发行情况

证券公司名称	产品只数（只）	创设金额（亿元）	涉及基础资产类型
国泰君安证券	8	21.06	未贴现、已贴现商票，已贴现银票
海通证券	8	5.91	未贴现、已贴现商票，已贴现银票
国元证券	4	5.77	已贴现银票
华泰证券	4	5.54	未贴现、已贴现商票，已贴现银票
平安证券	4	3.36	未贴现、已贴现商票
华英证券	1	0.53	未贴现商票
国金证券	1	0.50	已贴现银票

数据来源：上海票据交易所。

截至2020年12月31日，已有25家券商申请完成存托机构准入，具体名单如表3-5所示。

表3-5　截至2020年末申请完成存托机构准入的券商名单

安信证券股份有限公司	国海证券股份有限公司	华泰证券股份有限公司
财达证券股份有限公司	国金证券股份有限公司	华英证券有限责任公司
财信证券有限责任公司	国泰君安证券股份有限公司	平安证券股份有限公司
第一创业证券股份有限公司	国元证券股份有限公司	天风证券股份有限公司
东海证券股份有限公司	海通证券股份有限公司	万联证券股份有限公司
东兴证券股份有限公司	红塔证券股份有限公司	西部证券股份有限公司
光大证券股份有限公司	华福证券有限责任公司	西南证券股份有限公司
广发证券股份有限公司	华融证券股份有限公司	兴业证券股份有限公司
中原证券股份有限公司		

数据来源：上海票据交易所。

三、标准化票据的业务经验

华泰证券深度参与了2019年两期项目试点，联合承销第二期、独家承销第四期标准化票据，积累了宝贵的试点经验。根据《管理办法》相关要求，华泰证券结合前期项目经验，制定了一系列内部规章制度以规范业务发展。在人民银行和票交所的指导下，在九江银行、江苏银行、招商银行等标准化票据托管监管行的大力支持下，华泰证券完成了首批项目发行工作，在标准化票据资产归集、风险识别、产品定价等方面进行了积极的探索与实践。

（一）基础资产的归集

存托机构对基础资产的归集包括公开归集和定向归集两种方式。根据《管理办法》要求，对于公开归集基础资产的，存托机构应在基础资产归集前至少3个工作日发布基础资产申报公告；在标准化票据创设前至少1个工作日，披露存托协议、基础资产清单、信用主体的信用评级、认购公告等。申报公告披露后，持票人向存托机构提交拟入池资产清单，并且同意票交所通过系统控制基础资产，直到最终获得募集资金，这期间票据和债券市场价格波动的影响可能都需要持票人承担，而资金需求迫切的未贴现票据持有企业更是难以接受可能的创新发行失败风险。另外，存托机构要在短时间内识别非特定持票企业和票据资产的相关风险，筛选确定标准化票据资产，高效合规地完成各方存托协议签署，指导相关企业完成初始工作，无疑都增加了公开归集的难度。

实践中，考虑到发行时效性问题，《管理办法》正式实施后，存托机构创设发行项目普遍采用定向归集方式完成，一方面可以提前完成相关风险审核和协议签署，另一方面也有利于把握发行时间窗口。

（二）项目风险的识别

存托机构需要对基础资产的真实性、合法性和有效性进行审查。针对入池票据资产，存托机构通常会设定明确标准，常见的标准如下：

1. 由原始持票人依法真实、合法、合规且有效地取得并持有，权属明确、权利完整。

2. 无挂失止付、公示催告、被采取保全或司法执行措施或被有关机关查封、冻结等限制票据权利的情形。

3. 票据承兑人已对商业汇票进行承兑，承诺在票据到期日无条件支付票据金额，并在商业汇票上记载承兑的应记载事项，应记载事项真实、完整、合法，该承兑在适用法律下合法及有效。

4. 基础资产上未设定抵押、质押等担保权利，也无其他权利负担。

5. 基础资产未记载"不得转让"字样。

6. 基础资产项下原始持票人及信用主体系在中国境内设立且依据中国法律合法存续的企业法人、事业单位法人及其他组织或上述主体的分支机构，且最近两年内无重大违法、违规行为。

7. 基础资产对应的票据出票日不晚于公开披露日，票据到期日及到期回收款到账日早于兑付日。

8. 法律法规和人民银行规定的其他条件。

存托机构在基础资产准入标准的基础上，还需要区分票据是否贴现、票据是银票还是商票、持票人是银行还是一般工商企业等不同状态进行风险识别和审查判断。

对已贴现票据作为入池资产的风险识别：人民银行印发的《关于完善票据业务制度有关问题的通知》明确了商业汇票真实性贸易背景的审查由承兑行和贴现行承担，转贴现业务主要对票据要式性和文义性是否符合有关法律法规要求进行审查。参考上述规定要求和票据市场经验，以已贴现票据创设标准化票据类似于票据买断式转贴现业务，存托机构更多关注承兑行和贴现行的信用兑付风险；如贴现行作为持票人，则更多关注贴现行规范性制度要求和实践情况，避免出现"重大过失"取得票据而丧失票据权利；如转贴行作为持票人，对贴现行为无从追溯的情况下，则主要关注票据信用主体和市场风险。

对未贴现票据作为入池资产的风险识别：一般工商企业作为持票人持有银票或者商票申报票据入池时，主要从企业自身情况、贸易背景和交易关系、企业主体信用风险等维度进行审查。企业情况的审查包括从客户基本情况、企业征信情况、反洗钱风险等级等方面进行综合分析；对贸易背景和交易关系的审查，从审慎经营的角度，华泰证券一般要求持票人提供交易合同原件、与其直接前手之间根据税收制度有关规定开具的增值税发票或普通发票，按照支付结算制度的相关规定对商业汇票的真实交易关系和债权债务关系进行审核；对企业主体信用风险的识别，主要是以承兑人、承兑保证人信用判断为主，同时，对出票人、背书人等信用进行识别。

（三）定价机制的考虑

标准化票据通常采取传统债券"基准利率+利差"的定价方式，基准利率取市场无风险收益率，常以国内政策性银行债收益率为代表，且不存在免税问题，税收利差已包含在这部分利差中；利差主要取决于信用主体的信用溢价、流动性溢价、风险权重带来的资本补偿等。一般而言，以银行承兑汇票为基础资产的标准化票据的定价更接近信用主体发行的NCD，以商业承兑汇票为基础资产的标准化票据的定价更接近信用主体发行的超短期融资券。还有个不可忽视的重要因素：尽管标准化票据脱离了票据资产本身的信贷属性，但其定价仍会受到信贷市场的部分间接影响。未来随着非银机构和资管产品等多元的投资主体加入标准化票据市场，这些机构受信贷因素和资本占用的制约较少，标准化票据的定价将更接近一般债券。

标准化票据的信用溢价，主要取决于基础资产的承兑人、贴现行和保证人等信用主体核心信用情况。《管理办法》没有对信用主体给出具体定义，《存托协议》基于《票据法》和票据市场实践[①]，约定信用主体指对标准化票据投资价值判断有实质影响的主体，并根据最终入池票据清单，确定标准化票据的信用主体。根据票据状态以及承兑人、保证人、贴现人不同情况，可以对入池票据资产信用主体进行区分，并最终确定标准化票据的信用主体，具体见表3-6。

表3-6　标准化票据的信用主体确认

基础资产分类		承兑人	保证人	贴现人	信用主体
银票	未贴现	银行A	N/A	N/A	银行A
	已贴现	银行A	N/A	银行B	MAX（银行A、银行B）
商票	未贴现	企业A	N/A	N/A	企业A
	未贴现	企业A	企业B	N/A	MAX（企业A、企业B）
	已贴现	企业A	企业B	银行	MAX（银行、企业A/B）

注：MAX（A、B）表示取A、B两者信用等级更高的主体，若信用等级一样，则表示按付款顺序选择最先付款的主体。

（四）标准化票据案例实践

1. 华泰证券股份有限公司江铜九银2020年度第一期标准化票据项目情况，具体结构如图3-8所示。

持票人：江西铜业铜材有限公司、江西铜业（深圳）国际投资控股有限公司；

承兑人：江西铜业股份有限公司；

存托机构/主承销商：华泰证券股份有限公司。

[①] 根据《上海票据交易所票据交易规则》，信用主体是指"票据的无条件付款责任主体中，信用等级最高的金融机构法人。若存在两者或以上信用等级相同的情况，则按付款顺序选择最先付款的主体"。《票据法》规定，汇票的出票人、背书人、承兑人和保证人对持票人承担连带责任，持票人可以不按照汇票债务人的先后顺序，对其中任何一人、数人或者全体行使追索权。

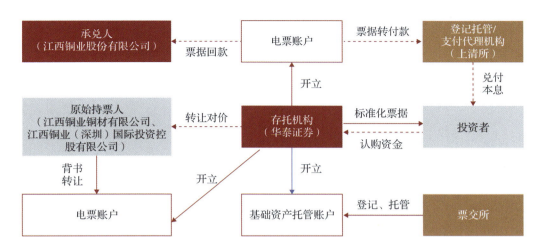

图3-8 江铜九银项目交易结构

项目特点：（1）华泰江铜九银2020年度第一期标准化票据为《管理办法》实施后首批底层资产为未贴现商票的标准化票据之一，也为有色金属产业链及江西省首单标准化票据。

（2）本期项目的创设发行全过程仅用2天时间，T日发布创设公告，T+1日完成簿记、发行、缴款等全流程工作，大大节约了持票人融资时间成本，是首批试点唯一采用T+1模式发行的产品，对后续发行效率进一步提升作了积极尝试。

具体情况如表3-7所示。

表3-7 项目创设时间安排

日期	具体工作内容
T日之前	持票人提供票据资产清单，华泰证券负责筛选底层票据资产（入池票据期限接近、承兑银行类型），了解持票人价格意向，确定标准化票据创设要素。
T日	发布创设公告，接受持票人的申报材料（票据清单），锁定持票人申报的票据资产，确定入池持票人并通知其签署相关协议，解锁未申报机构的基础资产。
T+1日	（1）华泰证券面向银行间市场参与者发布标准化票据申购公告； （2）华泰证券组织簿记建档，投资人进行申购； （3）投资人完成缴款，持票人将票据基础资产权属转移至华泰证券开立的标准化票据托管账户，华泰证券将融资金额分配给持票人，标准化票据正式创设。
到期日	票据到期托收，资金转付给投资人，项目完成。

2. 华泰证券股份有限公司航天科技财务2020年度第一期标准化票据项目情况，具体结构如图3-9所示。

持票人：航天科技财务有限责任公司；

承兑人：航天科技财务有限责任公司；

存托机构/主承销商：华泰证券股份有限公司。

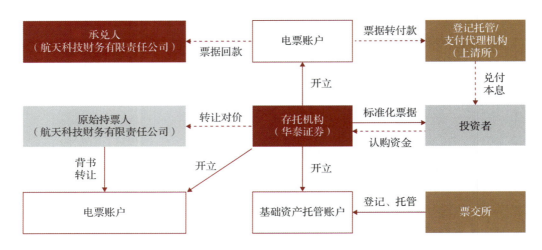

图3-9 航天科技财务项目交易结构

项目特点：华泰航天科技财务2020年度第一期标准化票据为全国首单央企财务公司承兑、贴现的标准化票据。财务公司在银行间市场发行金融债券融资需要集团公司提供担保，财务公司自身无法直接发行债券，无法为其承兑贴现的票据提供锚定价格。发行标准化票据可以为财务公司承兑汇票提供市场化的价格指导，如企业或金融机构持有财票贴现成本高于同期限标准化票据发行成本，则可以选择发行标准化票据实现票据融资，从而形成不同期限票据贴现价格的锚定价格和多元化的直贴渠道，也能够提高财票市场认可度。

3. 华泰证券汇微2020年度第一/二期标准化票据，具体结构如图3-10所示。

持票人：浙江网商银行股份有限公司；

承兑人：工商银行、农业银行等国有商业银行和股份制商业银行；

存托机构/主承销商：华泰证券股份有限公司。

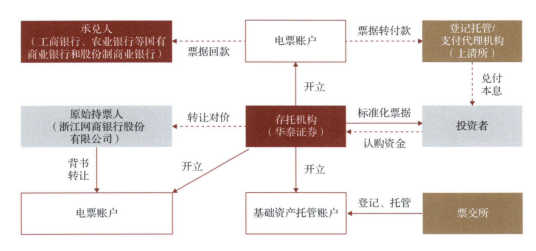

图3-10　汇微项目交易结构

项目特点：（1）华泰证券汇微2020年度第一/二期标准化票据项目承兑行包含16家国有商业银行和股份制商业银行，持票人均为浙江网商银行股份有限公司；

（2）华泰证券汇微2020年度第一期标准化票据为投资人放弃追索权的标准化票据，为未来创设已贴现银票作为基础资产的标准化票据拓展了新的模式。

四、证券公司参与标准化票据的意义

《管理办法》发布后，证券公司作为标准化票据存托与承销机构，深度参与产品的前期架构与创设、基础资产的归集与存托，以及标准化票据产品的销售和投资者推介，探索了连接票据市场与债券市场的新机制。

（一）利用风险定价经验优势，为中小企业融资提供更多可能

传统模式下，企业票据融资的渠道通常为贴现或质押融资，商业银行受限于传统授信管理模式要求，对商业承兑汇票的接受度较低，一方面导致了商业承兑汇票流通受阻，另一方面也造成了企业使用与培养自身商业信用进行融资的动力缺乏。标准化票据的推出，使得供应链中的中小企业能够以持有的商业汇票或供应链票据直接与标准化票据投资者对接，在比价模式下可以享受更低的融资成本。在这一模式下，供应链整体获益，促进了供应链的安全与协同发展。

风险定价是标准化票据产品得以创立与发行的核心。在标准化票据情景下，已贴现银票与商票本质上是一种同业定价过程，银行颇具优势。但未贴现的票据，特别是未贴现的商业承兑汇票，则在定价上存在较大难度。长期以来，证券公司在债券市场上形成了风险定价、资源对接及沟通协调各方需求的能力，从而在标准化票据业务中具有独特的业务优势。

另外，未贴现商票的持有人多为承兑人的上游供应商，而商票贴现业务往往受制于授信额度分项管理、授信属地管理，在贴现价格、贴现效率上存在较大差异，使供应商对于商业承兑汇票的接受度以及金融机构对商业承兑汇票的贴现都受到影响。在标准化票据模式下，未贴现票据打包归集入池，通过引入承销商对大范围、多类型的投资者进行专业询价，将极大程度解决传统商票贴现过程中出现的上述问题，有效降低实体企业融资成本、提高融资效率。

（二）与银行进行合作，提升中小金融机构流动性

相较于国有商业银行、全国股份制商业银行承兑的银票或贴现的商票，中小金融机构承兑与贴现的票据在转贴现市场上不具有优势，造成了不少中小金融机构流动性不足的问题，加重了其经营困难与经营风险。通过标准化票据，以这类中小金融机构签发的银行承兑汇票、贴现的商业承兑汇票为基础资产，在发行利率上更有吸引力，引入体量更大的债券市场资金，有助于更好地解决中小金融机构的流动性问题。

基于与金融机构的深度合作经验，券商可以作为存托机构和主承销商协助银行发行标准化票据，顺利实现信贷资产出表，作为通道协助银行调节信贷额度和释放流动性。

五、证券公司参与标准化票据业务展望

一是进一步优化内部核查流程。票据市场本身交易机制灵活便捷，为推动市

场高效运行，标准化票据无须审批，发行后向人民银行备案，仅披露存托协议、票据资产清单以及制式创设文件就可以完成发行，是债券市场所有债券品种中最简洁的信用债券发行模式之一。要充分发挥标准化票据的这一优势，券商需要尽量在保证风险可控的情况下，简化内部审核流程。考虑到存托和发行标准化票据核心逻辑是对信用主体的风险定价和市场化发行，券商可对不同基础资产类型实行不同的审核标准。比如，针对低风险银票，借鉴银行授信管理模式，采取储架审批模式并简化用印流程；针对商票类型资产，在把握核心企业信用风险的前提下简化流程，从已经合作债券的优质承兑企业入手，明确承兑企业准入白名单，同时结合票据背书流程、背书情况和最终持票人前手贸易情况进行风险识别判断。

二是借助科技力量提高风险管理和存续期管理水平。随着标准化票据发行数量增加，未来券商需要升级改造内部标准化票据项目管理系统并对接投行业务系统，替代人工台账，实现业务管理全线上化，降低后续管理成本。同时，对于未贴现票据，需要结合基础合同进行风险识别，并借助信用风险评价系统对承兑主体的信用风险进行识别，通过电子发票验真、票据催告状态自动查询等技术的使用，提高项目组和中后台人员识别项目风险的能力。

三是建设内部的票据平台提高资产归集整合能力。目前，票据资产持有方主要是中小微企业，对资金成本并不敏感，但是对资金获得时效性要求高，大大增加了存托机构归集资产的难度，同时也具备高收益的空间。这让没有能力规模化归集资产、匹配资金的机构退出市场。通过资本和技术优势建设票据平台提高票源的获取能力将是机构未来的着力点。

四是布局供应链金融加强资产生成和服务客户能力。2020年7月3日，国务院常务会议通过《保障中小企业款项支付条例》，同年9月1日正式实施，未来国企、央企等大型企业拖欠账款将纳入监管，可预见以票据支付方式保障款项支付将成为趋势。目前，市场上很多大型企业均已建立自身供应链金融平台促进商业信用流通，部分头部券商已布局类似数字金融平台开展合作。目前，票交所已开展供应链平台直连模式接入票据市场试点，证券公司也可以考虑布局构建供应链平台，深入企业供应链体系，并叠加票据信息服务、票据企业大数据风控，开放式嵌入企业结算和B2B电商平台，提升标准化票据业务风险水平，整合核心企业、资金方和科技方的能力与利益，提高企业客户黏性和综合服务能力。

供稿单位：华泰证券股份有限公司

执 笔 人：曾　鑫　邱小峰　马添翼

▶ **第三篇　贴现通业务发展情况** ·····················

贴现通业务介绍

党的十九大以来，党中央、国务院多次强调金融要把为实体经济服务作为出发点和落脚点，聚焦解决民营、小微企业融资难题，着力增强微观主体活力。2019年2月14日，中共中央办公厅、国务院办公厅印发《关于加强金融服务民营企业的若干意见》，要求加大对民营企业票据融资支持力度，简化贴现业务流程，提高贴现融资效率。

为贯彻落实党中央、国务院决策部署，简化业务流程，提高贴现效率，提升票据市场服务企业特别是民营、小微企业的能力，票交所在人民银行的指导下，于2019年5月27日推出了贴现通业务，并着力推广应用。贴现通全流程线上化、无接触的特点，契合了企业疫情防控的需要，2020年业务迎来较快增长。

一、贴现通业务简介

贴现通业务，是指票据经纪机构受贴现申请人委托，在中国票据交易系统进行贴现信息登记、询价发布、交易撮合后，由贴现申请人与贴现机构办理完成票据贴现的服务机制安排（见图3-11）。票据经纪机构为试点性质，试点范围为中国工商银行、招商银行、浦发银行、浙商银行、江苏银行。

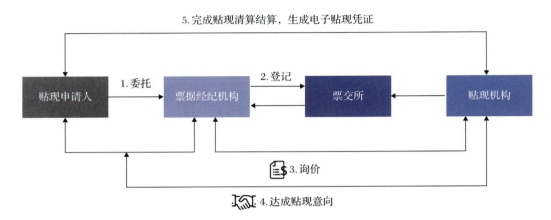

图3-11　贴现通业务流程

　　贴现通业务提供两项主要功能：一是贴现业务的信息撮合。通过贴现通平台，票据贴现由传统一对一柜台申请模式转变为全市场询价撮合模式，供求双方自主发布贴现信息，破解贴现市场信息不对称和授信资源不均困境，化解贴现难问题。二是贴现业务的线上办理。贴现通推动贴现申请资料的电子化和票据贴现全流程的线上化，企业信息资料一次登记可用于向多家贴现机构询价，降低贴现业务比价成本，提高供需匹配效率，缓解贴现贵问题。

二、贴现通运行情况

　　自投产上线以来，贴现通业务运行平稳，业务量稳步增长，发展态势良好，逐渐显现出对贴现市场的积极作用。2020年全年，贴现通业务新增5 100家贴现申请企业，接受委托报价票据21 512张，票面金额合计374.64亿元，较2019年增长2.8倍，其中17 604张票据达成贴现意向，票面金额合计323.18亿元，较2019年增长3.3倍。

图3-12 贴现通每月业务量

三、贴现通试点成效

（一）全力支持企业抗击疫情，助力企业复工复产

2020年受新冠肺炎疫情影响，企业线下办理贴现业务面临诸多障碍。作为全国性、线上化的贴现服务平台，贴现通十分契合疫情期间企业线上办理贴现业务的需要。企业通过票据经纪银行网银申请业务，贴现机构线上受理，从签订协议到资金到账，全流程均可在线上完成，避免了人员接触。

苏州一家塑业公司主营医用聚丙烯的生产，是医用口罩及防护服重要原料供应商。面对疫情防控的要求，企业于春节期间快速复工、加班生产，但巨大的资金周转压力让企业一筹莫展。获知此信息后，浙商银行帮助企业通过贴现通业务办理票据贴现融资，4小时之内完成从票据经纪业务签约到贴现放款的全流程操作，帮助其获得贴现融资款1 000余万元。该公司足不出户、坐等收款，及时获得生产经营所需资金，顺利恢复了生产。青岛一家医药企业遭遇节后数次延迟开工，造成企业资金紧张，在招商银行的帮助下线上提交材料，及时找到贴现机构，解决了资金困难，继续投入抗疫前线。

（二）获得社会各方认可支持，业务推广取得积极进展

贴现通业务推广得到了社会各界的大力支持。贴现通业务荣获2019年上海金融创新成果奖一等奖和银行科技发展奖二等奖。贴现通业务试点推广被纳入长三角三省一市人民银行印发的《长三角地区电子商业承兑汇票推广应用工作方案》（杭银发〔2020〕58号）、上海市《2020年上海国际金融中心建设工作要点》、长三角区域合作办公室《长三角区域一体化发展2020年度重点合作事项清单》。

在长三角地方政府的支持下，贴现通业务先后上挂安徽省四送一服双千工程平台、江苏省综合金融服务平台、上海市科技金融信息服务平台、上海市"一网通办"企业服务云首页展示，覆盖企业逾100万家。在"长三角地区票据服务实体经济宣介会"上，5家票据经纪机构牵手26家长三角地区贴现机构，达成贴现通业务合作。在第十四届上海金融服务实体经济洽谈会上，票交所开展了贴现通业务宣介。

（三）服务民营、小微作用初显，助力实体经济降本增效

长期以来，民营、小微企业在产业链中的弱势地位，决定了其持有的票据具有不齐整、金额小、信用等级低等特点，贴现难、贴现贵问题突出。贴现通业务使持票企业对贴现机构的选择面由合作银行一次性拓展至全市场机构，能够有效解决"三小一短"票据贴现难问题，盘活民营、小微企业沉淀票据资产。截至2020年底，参与贴现通业务的贴现申请企业中，7 243家为民营企业或小微企业，占比达93%；委托票据主要为小额票据，平均票面金额为168万元，充分体现了贴现通业务设计初衷。

由于传统贴现市场信息不透明，持票企业寻找适宜贴现机构、有利贴现价格的渠道不畅，手续繁杂、成本高。贴现通业务为企业提供了全线上、零成本比价渠道，加快持票企业贴现需求和金融机构贴现供给之间的信息传递速度，帮助企业发现有利贴现价格，切实降低融资成本。截至2020年底，企业通过贴现通业务办理票据贴现398.1亿元，平均贴现利率为3.04%，较同期全市场平均贴现利率低6个基点，初步匡算，为贴现申请企业总计节约财务成本近2 000万元。

（四）业务规则更加健全完善，参与贴现机构不断增加

2020年5月，票交所发布了《关于进一步明确贴现通业务办理有关事项的通知》（票交所发〔2020〕68号），对贴现申请人资质审核、资金流向监控、履约规则、发票管理等事项进行了明确，形成对《上海票据交易所贴现通业务操作规程（试行）》（票交所公告〔2019〕1号附件1）的有效补充。

越来越多的金融机构简化贴现业务流程，建立小额票据快速贴现通道，积极参与贴现通业务。截至2020年底，共有重庆富民银行、浙江网商银行等41家贴现机构参与贴现通业务，较2019年新增微众银行、百信银行等10家贴现机构，机构类型覆盖银行和财务公司两类主体。

总之，大力推广贴现通，有利于促进全国贴现市场的统一，解决市场信息透明度低、办理成本高、供需匹配慢等问题，有助于深化金融供给侧结构性改革，提升金融资源配置效率，提高资金投放精准程度，切实缓解民营、小微企业票据融资难题。

供稿单位：上海票据交易所

执　笔　人：李　麟　丛龙娇

助力票据融资　促进行业发展

——贴现通业务实践经验

贴现通业务是票据经纪机构受贴现申请人委托，在中国票据交易系统进行贴现信息登记、询价发布、交易撮合后，由贴现申请人与贴现机构办理完成票据贴现的服务机制安排。2019年5月27日，贴现通业务正式上线运行，首日落地业务47笔，金额4 477万元，引起了社会各界的广泛关注。在票交所的推动下，贴现通业务市场机制建设不断加强，贴现企业、经纪机构和贴现机构的积极性不断提升。截至2020年末，全市场注册企业数近8 000家，融资业务量超过400亿元，贴现机构法人超过40家，各项业务指标持续快速增长。

招商银行高度重视贴现通业务的发展，在组织架构上成立票据经纪业务部，专人专岗负责贴现通业务推动。经过不断探索实践，招商银行累计业务量达到市场首位，对贴现通业务有了更深入的认识。

一、贴现通业务意义

（一）贴现通业务是完善票据市场基础设施功能的积极探索

2016年12月8日，由人民银行牵头筹建的票交所挂牌成立，票据市场基础设施建设迈出关键一步，实现了票据场内交易、集中托管、集中登记以及全流程电子化，提升了票据结算效率和交易效率，并有效降低了票据市场风险。贴现通业务进一步丰富了票据市场基础设施的功能，具备完善的制度和快捷的系统，显著增强了票据在企业融资端的服务职能。与传统贴现业务相比，贴现通业务有效疏通了银企之间的信息沟通渠道，实现"企业与银行点对点沟通"向"企业与银行点对面沟通"的转变，彻底打破了企业贴现信息不对称的现状，充分提高了市场运行效率。同时，贴现通也是票据经纪业务的第一步探索，为商业银行开展票据经纪业务提供了宝贵的经验。随着标准化票据等业务的不断发展，票据经纪业务将有更广阔的发展空间。

（二）贴现通业务是解决中小企业融资难、融资贵问题的有力手段

中小企业融资难、融资贵一直以来是一个难题，据统计，中小微企业贴现占比已经超过75%。随着票据市场基础设施的不断完善，票据等分化、供应链票据将会快速发展，票据市场将呈现小额化、高频化的发展趋势，中小企业主动或者被动使用票据进行结算和融资的需求将会大幅增加，贴现通业务具有非常大的发展潜力。一是提高贴现市场有效性，极大地拓展中小企业对贴现机构的选择面，有效解决单一金融机构银票承兑行授信不足和商票保贴行授信不足的问题。二是引入贴现行竞争机制，充分降低商业银行对贴现企业、承兑行、金额和期限的准入限制。通过公开询价和议价的方式，经纪机构为贴现企业争取更多利率优惠，从而降低企业的融资利息负担。

（三）贴现通业务是防范票据市场风险的重要措施

目前票据贴现市场中存在部分公司利用单个银行授信业务范围和规模总量有限、监管部门对贴现贸易背景的要求等因素垄断企业票源，利用贴现信息不对称赚取融资点差的行为，一方面增加了企业融资成本，另一方面给票据市场发展带来风险隐患。《全国法院民商事审判工作会议纪要》明确指出，票据贴现属于国家特许经营业务，合法持票人向不具有法定贴现资质的当事人进行"贴现"的，该行为应当认定无效。贴现通业务的开展，一方面具有票交所和各经纪机构、贴现机构完备的业务制度基础，另一方面基于中国票据交易系统，具有安全可靠的特点，在满足企业融资需求的基础上，能够进一步规范市场、净化市场和促进市场有序发展，将

在防范票据风险方面发挥重要作用。

二、贴现通业务推广经验

在票交所的业务指导下，招商银行以客户需求为根本，不断加大宣传推广力度，持续加强同业合作，坚持推进系统优化，取得了较好的效果。

（一）明确定位，深挖需求，解决融资难题

客户需求是业务发展的土壤，贴现通业务的核心优势就是围绕中小企业，解决"两小一短"票据融资问题。大量中小企业客户在供应链中处于弱势地位，经常收到小金额和小承兑行票据，但这类票据在市场上的授信不足。招商银行先锁定票源，从而锁定目标客户，在此基础上全方位营销，推动客户业务落地。疫情期间，招商银行积极响应国家号召助力抗疫，面对抗疫企业的小票散票，招商银行为企业开通贴现通功能，进行线上挂牌询价议价，争取更多利率优惠，最终解决客户融资难题，获得了客户的高度评价。据统计，招商银行自开展贴现通业务以来，业务笔数的86%为中小企业客户，很好地服务了中小企业融资。

（二）紧跟步伐，多措并举，加大宣传力度

贴现通业务作为一项全新产品，短期内取得较大的进展，离不开票交所的大力推动。招商银行积极跟进票交所相关业务推动计划，向企业客户多渠道投放宣传材料，不断加强业务介绍和市场宣传工作。一是积极参与票交所"三个一"宣传活动，充分利用票交所制作的宣传视频，在全行范围内转发和组织学习，通过朋友圈、业务群等渠道将产品介绍推送到分行；二是结合业务特点制作微信H5、动画、广告等宣传材料，经客户经理不断宣传，显著提高了客户业务认知度，起到了很好的宣传效果。

（三）主动沟通，积极推广，加强同业合作

加强同业贴现行合作，扩大票据准入范围，是各家票据经纪机构全力攻坚的

课题。在票交所的大力支持下，招商银行主动对接多家贴现机构，宣传贴现通业务在资产组织方面的优势，讲解贴现通业务权限配置、挂牌摘牌和贴现放款等业务流程。招商银行已与12家贴现行业务合作落地，可贴现承兑行拓展至近百家。2020年9月，招商银行积极参加票交所组织的长三角贴现通业务推动会，与多家长三角地区城商行与农商行牵手，达成了贴现通业务合作意向，拓宽了业务合作范围，为后续业务的进一步推动打下了坚实基础。

（四）优化流程、迭代系统，提升用户体验

招商银行通过多次系统迭代丰富了贴现通功能，拓宽了服务范围，提高了客户体验和满意度。一是梳理业务流程，组织学习票交所《贴现通业务操作规程（试行）》《关于进一步明确贴现通业务办理有关事项的通知》等业务制度，深入理解经纪行职责范围，合理设计从分行到总行、从经纪行到贴现行的业务流程。二是提高客户体验，深入分析业务流程断点，优化网银界面，提高业务效率，实现全流程线上化操作。未来，招商银行将紧密跟进票交所系统开发工作，为客户提供更加便捷、流畅的系统操作体验。

随着应收账款票据化、电票等分化等重大项目不断推进，企业票据融资将展现出小额化、高频化、分散化等发展趋势，票据贴现也将逐步进入平台化发展阶段。届时，企业将更加注重票据融资的效率和成功率，贴现通业务作为票据贴现市场的重要拼图，将有望实现"所有票据均可贴现"的一站式服务。贴现通业务的蓬勃发展离不开票交所的不断创新、客户的充分认可、同业的大力支持。未来，招商银行将紧跟票交所创新步伐，坚持因市场发展而变、因客户需求而变，不断为贴现通业务发展献计献策，为票据市场作出应有的贡献。

供稿单位：招商银行

执 笔 人：李明昌　鱼沛喆　杜　荒

科技推动业务创新
贴现服务实体经济

2020年是不平凡的一年。在市场各方的共同努力以及科技创新的共同作用下，票据贴现市场快速恢复正常运行，在疫情期间充分发挥了政策传导、支持实体的市场功能，为宏观经济企稳回升发挥了积极的推动作用。

票交所于2019年5月推出上线了首个票据经纪业务产品——贴现通。银行金融机构作为资金方参与贴现通摘牌，能有效地服务更多的实体企业，通过贴现通将企业票据资产和银行资金精准高效匹配，加快了票据资产流通速度，为民营企业、小微企业进一步拓宽融资渠道、降低融资成本。

一、票据贴现市场现状

2020年，全市场票据贴现13.41万亿元，同比增长7.7%。其中，商票贴现1.03万亿元，同比增长9.9%；银票贴现12.38万亿元，同比增长7.47%。票据贴现量占承兑量的60.7%，目前大部分银行票据贴现通过线下完成，如能通过线上方式，由贴现通完成资金和资产的有效配置，将有助于降低实体企业融资成本。

近年来，随着电子商业汇票业务的快速发展，越来越多的银行开始通过系统完成线上贴现，在全球疫情蔓延的情况下，以贴现通为代表的无接触式贴现业务，很好地平衡了业务发展和疫情防控。

二、贴现通在贴现业务中发挥重要作用

在数字经济时代，金融科技浪潮席卷全球，依靠科技驱动引领金融创新、加速银行数字化转型已成为行业共识。各家银行纷纷加大科技投入，积极运用前沿科技对产品服务、业务流程、风险管理等进行全面数字化升级改造，探索经营模式创新，加速打造数字银行核心竞争力。贴现通产品正是在这科技赋能金融创新的背景下由票交所适时推出的，在促进银行业贴现业务线上化、银行数字化转型中发挥了重要作用。

（一）搭建贴现市场桥梁，提高业务透明度

贴现通利用票交所的平台效应，搭建了贴现银行和融资企业间的桥梁。企业有融资需求时，通过经纪机构将贴现需求挂在网上，所有参与贴现的银行均可通过票交所系统完成摘牌，能极大地提高业务透明度，有效降低企业融资成本。对于融资企业来说，可以通过经纪机构提高融资可能性，比如中小微企业手中的难以贴现的"三小一短"票据，通过贴现通能寻找更多的市场机会。对于银行来说，特别是中小银行，可以有效地通过贴现通获得客户及业务，降低获客成本。

（二）提升业务标准化程度，提高银行和企业的业务效率

传统票据贴现，由于各地监管要求不同，各家银行有自己的贴现标准和流程，加大了企业贴现的操作难度，降低了业务效率，企业每做一次贴现都是一次"学习"的过程，需要耗费大量的人力。

贴现通自上线以来，针对贴现合同、客户资料、票面核心要素、业务报价及询价等形成了标准化业务流程和展示方式，企业客户操作难度有效降低，经纪机构和贴现机构业务效率明显提高。

三、贴现通开展情况及业务实践

重庆富民银行股份有限公司（以下简称富民银行）的定位为产业链数字生态银行，在产品创新方面主动拥抱"互联网＋"，积极尝试新产品、新业务。贴现通上线当日，富民银行即参与了业务试点。2019年11月，富民银行升级交易系统，实现了贴现通和行内系统的直连，并在后续业务中不断优化行内系统，实现了贴现通的自动摘牌。富民银行业务系统根据提前设置好的业务参数自动校验交易系统贴现通询价票据，满足系统要求的将自动摘牌并成交，可以解放银行的人力，提高客户的融资效率。2020年，富民银行通过贴现通合计摘牌10 515张，贴现金额188.22亿元，服务企业1 615家，超过73%的企业为小微企业。在疫情严重期间，富民银行开展票据贴现优惠活动，向疫情严重地区以及全国医疗基础保障行业的718家企业提供贴现利息减免，累计投放734笔，合计票面金额25.93亿元，累计减免425.79万元。

（一）开展跨地域的线上票据贴现

目前，市场上越来越多的银行参与线上贴现，如工商银行、招商银行、浙商银行、临商银行、网商银行等，其中部分银行已实现了通过他行开立的银行结算账户进行贴现的功能。各家银行在贴现审核中对贸易背景的要求不尽相同。2016年9月发布的《中国人民银行关于规范和促进电子商业汇票业务发展的通知》（银发〔2016〕224号）规定，在贴现环节，融资人可以不向金融机构提供合同、发票等资料，为无接触、跨地域票据贴现提供了制度基础。富民银行根据自身的实际情况，在业务开户、合同发票审核、异地授信等方面制定了相关的管理制度，实现了无接触、跨地域开展贴现业务。在金融支持复工复产时期，贴现通的"无接触"特点为企业经办人员疫情隔离期间的融资提供了极大的支持。

（二）业务审批流程精简化，客户服务集中化

传统线下贴现成本居高不下。一是银行内部通常有较长的业务审核流程，如审核票据风险和业务定价等，而且对于传统网点贴现，不同网点资料及流程差异较大，银行需要大量的业务经理为企业服务。二是业务要求标准不一，一家银行贴现

后在其他银行较难复制。在实际操作中，因小微客户持有的票据面额相对较小，期限相对较短，"两小一短"票据的业务利润较难覆盖银行经营成本。

为了更好地利用贴现通开展业务，富民银行优化内部审核流程，实现业务审批特别是定价审批的精简，对客户的服务由传统单一线下服务转变为线上集中化的客户服务，降低银行内部业务成本和客户业务操作难度，使企业能较容易地通过线上操作自主完成融资。

（三）客户识别线上化、智能化，贴现流程自动化、标准化

针对贴现通无接触式服务无法当面对客户进行身份识别的特点，富民银行通过技术手段校验客户身份，确保客户办理业务的真实意愿，实现客户识别的线上化和智能化。另外，在客户发起贴现申请后，针对电子票据数据化的特点，富民银行通过系统自动完成票据风险校验，并建立了票据贴现相关企业标准。富民银行系统实现了票据摘牌、签收、贴现、支付等全流程的自动化和标准化。

供稿单位：重庆富民银行

执　笔　人：杨宜兴　张　杰　余　泳　吴　越

▶▶ 第四篇　"票付通"业务介绍

"票付通"业务发展情况

一、"票付通"业务发展总体情况

2020年，票交所组织4家新增合作金融机构和14家平台上线投产"票付通"。截至2020年12月底，累计有交通银行、招商银行、中信银行、浦发银行、平安银行、江苏银行、兴业银行、宁波银行、中石化财务、宝钢财务、海尔财务11家合作金融机构携手37家B2B平台上线投产"票付通"业务，累计签约企业1 600余户，合计发起支付笔数超过1.2万笔，累计支付金额近160亿元。

二、2020年"票付通"业务进展情况

（一）完善业务制度，规范业务发展

"票付通"业务在人民银行的指导下，于2019年试点，2020年下半年正式进入推广期。第三季度，票交所发布了《"票付通"业务规则（暂行）》《"票付通"接入规范（暂行）》《"票付通"业务直连系统参与者互联规范v2.1》《"票付通"业务接入测试及接入验收规范v1.0》等系列制度，规范了业务发展，夯实了全面推广的基础。

（二）持续优化业务功能，推动业务提质增效

随着接入机构类型不断丰富，业务规模不断扩大，票付通在原有功能的基础上，陆续推出了"同一法人支持下挂多家平台""信息服务接口"等功能，持续满足不同机构的个性化需求。相关功能已在交通银行、国网商城先行应用，有效提升了系统功能对业务场景的适配度。

（三）加大宣传合作力度，推广取得积极成效

票交所不断加大市场宣传推介力度，通过在线宣讲和培训、联合金融机构及B2B平台进行广告投放、"长三角地区票据服务实体经济宣介会"等业务宣传方式，扩大业务推广范围，并取得积极成效。2020年，"票付通"业务荣获"2019年银行科技发展奖三等奖"，并作为推广应用案例被纳入《长三角地区电子商业承兑汇票推广应用工作方案》（杭银发〔2020〕58号）。

三、"票付通"业务运行成效

（一）业务应用场景不断拓展，票据支付比重稳步提升

随着"票付通"行业应用场景的不断扩展，业务发展趋于均衡。37家上线平台中，业务量活跃的平台[①]有15家，业务量占比98.07%，活跃平台较上年同期增加10家，覆盖煤炭、贸易、家电、机械制造、医用物资采购等多个行业。多家前期已上线平台的"票付通"业务呈现快速发展趋势，"前海联合交易中心""中国太原煤炭交易中心"等大宗商品平台的票据支付金额占比从上年合计不到1%提升至2020年的24.11%；工品汇、华峰智链工业品采购平台票据支付笔数占比分别达到25.23%和19.95%，同比分别提升18.46个和19.36个百分点。

（二）核心企业平台加速接入，助推产业链线上转型

"票付通"业务为平台企业结算提供互信机制，大幅提高了核心企业聚合产业链

[①] 支付笔数超过 100 笔／年或金额超过 1 亿元／年。

资源的效率，助力其重塑传统贸易模式向线上化转型。如青岛海尔下辖的好品海智平台及卡奥斯应急物资平台于2020年下半年上线，上线后发起票据支付业务26.91亿元，平台企业线下支付向线上支付转化率约为15%。另外，上述平台企业可以选择通过任意一家电票开户机构发起业务，打破了多数产业互联网平台需要指定结算银行的限制，进一步畅通了集团票据收支渠道。随着业务深入推广，"票付通"业务将惠及更多集团公司及其供应链上下游企业。

（三）签约企业逐步向产业链末端的中小微企业延伸

2020年新增签约企业中，中小微民营企业812户，占比92.27%，较2019年增加92户，占比提升14.78个百分点；中小微企业发起"票付通"业务3 958笔、金额62.26亿元，分别占业务总量的81.58%和68.76%，其中，向大型企业支付2 335笔、金额29.22亿元，占其业务总量的50%，主要为6~7个月期银票，承兑行主要为财务公司、城市商业银行，占比分别为51.06%、25.28%。"票付通"业务服务中小微民营企业比例高，促进提升信用等级相对较低的中小金融机构承兑的票据的流转效率，疏通了供应链贸易结算堵点。

下一阶段，票交所将持续加大推广力度，引导头部金融机构、优质供应链平台以及B2B电商平台接入"票付通"业务，加大对参与机构的支持服务力度，营造良性竞争、有序协作发展的环境。同时，继续优化票据包签发流转功能、增信服务功能，简化企业签约流程，推动线上贸易背景资料标准化，以形成具有更强创新力、更高附加值、更安全可靠的业务功能。

供稿单位：上海票据交易所

执　笔　人：张艳宁　俞　乾　苏智欣

"票付通"业务
拓展场景金融服务的实践探索

随着互联网的发展，在以新零售为代表的B2C场景格局已经基本清晰后，B2B场景逐渐成为互联网的必争之地，很大程度上决定了互联网公司未来的发展方向。随着互联网支付方式的不断创新，高频的支付业务也变成了互联网圈地的核心场景。近些年，除了互联网企业，大部分实体企业也逐渐锚定了业务线上化发展的方向，逐步将供应链推向线上化。一方面，核心企业通过改善供应链管理方式继续保持自己的行业地位和领先优势；另一方面，核心企业通过发展线上业务全面整合产业链数据，通过平台获取的数据资源为供应链深化发展插上了翅膀。

为贯彻党中央、国务院关于扎实做好"六稳"工作、全面落实"六保"任务的决策部署，做好金融支持稳企业保就业工作，精准服务供应链产业链完整稳定，提升整体运行效率，促进经济良性循环和优化布局，2020年9月，人民银行、工业和信息化部、司法部、商务部、国资委、市场监管总局、银保监会和外汇局联合发布《关于规范发展供应链金融 支持供应链产业链稳定循环和优化升级的意见》（银发〔2020〕226号），特别指出要提高供应链产业链运行效率。从供应链产业链整体出发，运用金融科技手段，整合物流、资金流、信息流等，提供系统性的金融解决方案，以快速响应产业链上企业的结算、融资、财务管理等综合需求，降低企业成本，提升产业链各方价值。

"票付通"作为票据支付结算的创新产品，是商业银行对接互联网发展趋势以及国家积极推动供应链发展政策的精准切入口。交通银行始终致力于"票付通"业务与场景生态的深度融合，不断挖掘更广泛的金融服务触角和服务方案。

一、"票付通"推广情况

交通银行在业务上线之初就建立了总分联动营销、快速响应客户需求的机制。通过商务部及各地市商务委发布的电子商务示范企业名单，全面摸排企业平台运行情况。按照不同企业规模、不同经营范围和不同的运行模式将平台分层分类，同时结合地缘经济因素影响制定不同的推广策略。深入研究平台的运行情况，分析平台的发展规划，精准定位"票付通"业务与平台发展的契合点，作为营销推广的切入点和突破口，真正做到金融服务与运行场景的深度融合，做到供给创造需求、贴合需求和服务需求，最终推动平台业务发展。

目前，交通银行实施差异化平台接入策略，对接的平台运营主体分别为科创型企业、实体工业企业和网络技术公司，实现"票付通"业务的多点覆盖；探索多点多面实践经验，为后续产品推广积累成熟的营销策略。"票付通"业务在服务这些不同领域、不同行业的过程中积累了不尽相同的经验。

（一）科创型企业

科创型企业与一般的创新型企业、高新技术企业有较大区别，尤其是科创型民营企业，在规模和创新能力上处于成长期。金融机构需要在提供金融服务的过程中注重帮助企业一同挖掘应用场景，规范场景塑造和完善开发方案。

（二）实体工业集团

实体工业集团具备相应的技术实力，同时拥有较为成熟的销售渠道和产业链条，随着自身的不断发展壮大，这些实体企业逐步将重心放在工业互联网的构造上。工业互联网的本质和核心是通过工业互联网平台把设备、生产线、工厂、供应商、产品和客户紧密地连接起来。成熟的工业互联网将可以创造新的经济成效和社会价值。交通银行在业务推广中重点突出产品的适配性和提升性，完美契合平台的发展战略，通过平台支付工具的创新提升平台的运转效率，将支付结算信息与整个交易链串接，整合、完善和丰富平台的支付链，帮助企业实现其长远的发展战略和规划。

（三）网络技术公司

头部的互联网企业拥有成熟和先进的技术，它们运营的平台最看重产品的创新能力和用户的支付体验，注重大数据的运用和数据链条的完整性，平台上的每一种产品都要做到引领潮流甚至主导生态。在与此类公司的合作中，金融机构要对平台的目标客户做到充分和深入的调研，同时要提升产品的适用性和竞争力。这类企业对产品本身的设计和功能有比较明确的要求，希望商业银行的产品针对其平台用户作适应性改造，提供最便捷的操作和专属、高效的服务。同时，它们对商业银行的技术要求高，希望产品要突破本身功能的限制去不断增加和拓展更加丰富、灵活的功能，以满足平台用户的需求。平台有一套规范的业务推广流程，可以与合作金融机构一同完成产品的深度推广，触及所有的平台用户，同时也会注重循序渐进地培养用户心智及习惯。

二、"票付通"具体推广经验

（一）深入企业研究，积极重塑业务流程

不同的B2B平台面对的客户群体不同，不同的客户群体对业务的操作流程和功能要求也各不相同。交通银行在业务推广过程中，始终紧贴市场前沿，不对业务做复制粘贴式营销，而是真正下沉到平台的用户端，跳出仅就产品本身去嵌套企业的模式，去真正潜心研究企业的采购流程和财务制度，了解平台用户需求及存在的业务痛点和难点，始终坚持有市场调研才有发言权的业务推广理念。

对于有规范采购流程和严格财务制度要求的企业，多采用商品采购与资金支付相分离的模式。交通银行从用户的使用习惯入手对银行端的业务流程作了进一步优化改造，减少企业内部的沟通成本，使用户的工作更加简单和便捷，用顺畅简捷的

流程消除新业务和新操作带给用户的未知感和恐惧感。

对于有多种支付模式的平台，定期联合平台作深入的大数据分析，从用户的采购模式、支付习惯和市场变化入手，挖掘新的业务场景，开发账期支付和即时支付的不同功能。及时响应用户需求，不断丰富业务模式，能够满足平台用户票据支付和票据、资金混合支付的多种支付需求。

（二）关注市场动向，深入开展场景调研

交通银行不局限于产品本身，放眼关注市场的动态。对于市场需求快速响应，能够迅速整合行内拳头产品，拓展满足市场需求的金融场景，逐步由被动响应变为主动引领和创造。

自"票付通"业务开展以来，交通银行始终注重其与行内产品的整合优化，大力拓展互联网B2B支付结算服务场景。逐步形成以客户为中心的贸易金融产品服务体系，培育综合服务能力，努力打造金融生态。通过大数据及客户调研的方式进行客户群细分，解析与重构各类平台的运营模式和支付场景。探索运用大数据、人工智能等工具完善客户画像和风险防控，推动产品线上化、平台化，将产品开发与场景生态建设深度结合。一是贴合平台场景，实现情景共鸣。在"票付通"业务开展中，交通银行始终紧跟市场的步伐和客户的节奏，有目标地推动流程的优化改造，在做好风险防控的基础上提升客户操作的便捷性。二是协助做好平台融合，推动平台供应链业务线上化发展。整合供应链、信息链和资金链，建立立体化场景，实现B2B平台、平台用户和交通银行的无缝合作与资源优化整合，对于平台客户实现最大限度的个性化设计。

（三）"1+N"阵地式营销推广，平台客户资源共享

做好与平台的联合，共同推动业务发展。交通银行在"票付通"业务的推广中制订了较为详细的合作方案。对于金融机构来说，平台的广大用户就是其丰富的客户来源，与平台的联合推广是业务推广中的重要一环。总行层面各部门之间形成联合营销方案，通过一个平台连接平台上的N个用户，实现"1+N"的规模效应和良性互动，基于业务合作的资源共享为平台用户提供全方位多层面的金融服务方案，提

升金融机构的服务能力，同时也促进平台的运行活跃度和线上化发展，金融机构和B2B平台的强强联合最终带来的是平台用户的受益和满意，实现多赢目标。

三、"票付通"业务的未来探索

"票付通"业务进一步提升了票据支付的安全性和便捷性，在支付结算领域更好地满足了企业采购付款需求。交通银行始终在探索其与融资业务的整合优化，努力实现与融资产品的无缝高效对接，支付和融资全方位满足用户需求，提升交通银行与平台的综合服务能力。对接线上承兑和票据"秒贴"产品、逐步提升线上化产品整合优化的技术开发能力、线上业务流程的便捷程度和风险防控能力，使产品的内涵更加丰富、提供给用户的选择更加多样和灵活，增强产品黏性和客户黏性，以"票付通"产品为触点为平台用户提供一揽子的金融服务。

在未来的业务推广中，交通银行将持续探索和提升"票付通"业务的服务能力和服务效率，针对大宗采购中的各种交易场景和退货模式作适应性的新尝试，探索多点多面多角度的服务内涵和服务模式，把"票付通"业务做得更加灵活、安全和便捷，进一步深化票据服务实体经济的能力，引领B2B平台和供应链平台票据支付的新风尚、新潮流。

供稿单位：交通银行

执 笔 人：柏　桦　于　洁　柳智慧

探索工业互联网票据应用场景
精准赋能中小微企业

票据业务作为直接对接实体经济和金融市场的重要支付结算和融资工具，对解决中小微企业融资难问题、促进我国实体经济发展等发挥着至关重要的推动作用。海尔集团基于自身的发展实际和产业链上下游企业的发展需求，持续探索、推进票据业务。2009年，海尔集团财务有限责任公司（以下简称海尔财务公司）积极与电子商业汇票系统进行对接，获得首批直连ECDS的资格。2014年，海尔财务公司获得了首批电票线上清算试点资格。此后，海尔电子承兑汇票得到了市场各方的广泛认可，实现了海尔信用的社会化流通和品牌的资本增值。

一、"票付通"业务的功能作用

海尔进入"生态品牌战略"阶段后，迫切需要搭建行业领先的票据全场景能力，由海尔自主研发、具有中国自主知识产权的工业互联网平台——卡奥斯，汇聚了4.3万家企业和390多万家生态资源。票交所发布的票据供应链创新产品"票付通"正好可以满足海尔这一发展需求。2020年，海尔财务公司积极对接票交所，实现将"票付通"业务引入工业互联网领域，填补了工业互联网平台线上票据支付的空白。

（一）必要性：工业互联网发展急需票据产品和服务创新

工业互联网已成为国民经济增长的新动能，是新基建的重要组成部分，对于推动实体经济高质量发展意义重大。通过把实体经济范畴内的企业纳入平台生态，工业互联网可以实现技术、数据、金融和基础设施等多维度赋能，促进一二三产业开放融通发展，进一步夯实实体经济在我国国民经济发展中的"压舱石"地位。

随着工业互联网的发展，平台上企业越来越多，产业链条越来越丰富，产业链条中企业的票据结算、融资需求越来越大，资金流转的痛点越来越深。基于此，工业互联网端急需围绕企业间结算的信任不足、融资难、融资贵和资金周转效率低等问题，加快票据产品和服务创新，为实体经济尤其是民营和中小微企业发展提供支持。

（二）迫切性：疫情之下市场环境加速票据融资业务创新

2020年新春伊始，新冠肺炎疫情突袭我国，各企业先后延期开工，日常经营周转深受现金流压力变大的影响，资金紧缺问题更为显著。国家密集出台一系列政策帮助实体经济解决资金难题。票据作为将核心企业信用迁徙至中小微企业的金融工具，是解决中小微企业融资难、融资贵问题的金钥匙，也在应对新冠肺炎疫情冲击中发挥了"四两拨千斤"的作用。

具体来看，在疫情期间实体经济发展困境的推动下，票据市场加速融资业务创新，充分运用金融科技赋能金融服务，为中小企业创新线上票据融资服务，以最快速度匹配最优价格，切实降低融资成本，为民营、小微企业提供高效便捷的贴现融资服务，助力企业低成本融资，确保企业正常生产运营。

进入后疫情时代，票据市场更需积极探索融资新模式，为中小微企业健康发展注入金融活水，真正解决中小微企业及民营企业票据融资难、融资贵、融资慢的问题，实现践行普惠金融、助推实体经济快速发展的目的。

（三）有效性：海尔率先实践"票付通"工业互联网应用

海尔卡奥斯工业互联网平台是全球首家引入用户全流程参与的大规模定制平台，被国际权威机构评为全球领先的工业互联网生态品牌，并被工业和信息化部评为中国十大工业互联网平台之首。随着平台的高速发展，急需创新平台的支付结算方式，为平台上的企业融资、发展赋能。

海尔财务公司通过研究发现，在工业互联网平台上增加"票付通"这一创新型支付工具，能有效实现信息流、物流与资金流的三流合一，用票据解决平台供应链支付难题，可以实现创新型票据工具与新兴工业互联网产业的融合。

基于此，海尔财务公司积极对接票交所，成为行业第二家成功获批票交所"票付通"业务合作的集团财务公司，为海尔集团旗下国家级工业互联网平台——卡奥斯工业互联网平台提供一站式在线票据平台服务。

二、海尔引入"票付通"业务的重要意义

通过接入"票付通"，卡奥斯平台上实现了供需双方在线上达成交易后，能够线上一站式完成票据签发、背书和提交申请，同时锁定相关票据；当互联网平台确认交易完成后，票据自动解锁，卖方可以直接线上签收票据。这一模式实现了多方的共赢：

（一）赋能供应链核心企业资源聚合

升级再造供应链票据流程，通过票据支付替代票据融资，降低整个供应链的融资成本。通过核心企业增信，受惠面可以拓展到供应链二级、三级等远端链条，真正把供应链上的金融资源链接起来。

（二）赋能B2B平台建立信任机制

"票付通"产品的见证支付机制可以契合B2B平台的"陌生人"交易模式，把市场的信任机制建立起来。

（三）赋能中小企业资金盘活

广大中小企业手上被动持有了大量下游企业的应收账款，"票付通"产品可以帮助其盘活这类资产。通过票据资产转让，中小企业能够以近乎零的金融成本满足

154

采购和持续经营的需求。

海尔财务公司票据产品创新注重在场景中深入挖掘客户潜在需求及痛点，通过融合创新打造工业互联网平台＋"票付通"票据应用场景，形成更高效的业务流程闭环和产品迭代循环，实现了精准赋能行业产业链发展。

三、海尔引入"票付通"业务实践

（一）实践1——工业品大规模定制"好品海智"平台

海尔集团卡奥斯工业互联网平台下子平台——好品海智工业品大规模定制平台，专业赋能工业企业降本增效、智能制造转型升级。平台在赋能企业用户时，存在这样的业务场景：大量企业用户手上持有额度不等的未到期票据，希望运用票据进行支付结算，从而提升资金利用率和周转效率。

为解决这一难题，卡奥斯好品海智通过海尔财务公司接入票交所的"票付通"产品。该产品在提供线上支持票据签发、企业背书转让等服务的同时，还拥有票据见证支付功能，确保了"票据支付成功"与"B2B平台交易最终完成"互为前提条件，打破了企业通过票据进行支付在安全性和信任方面的壁垒。

卡奥斯好品海智"票付通"产品上线不到15分钟，平台用户青岛德诺泰自动化设备有限公司、遵义市乐辉塑业有限公司等实现票付交易187万元，成为首批体验用户。

（二）实践2——全国首个应急物资平台

疫情期间，海尔卡奥斯上线全国首个应急物资平台。该平台通过线上＋线下协同赋能提供定制化服务，可以聚合应急场景下的全产业链上下游生态资源，实现全要素、全生命周期、全产业链赋能。

但前期应急物资平台客户线上贸易结算中无票据见证支付功能，无法解决交易双方的互信问题，影响业务开展与交易规模增长。此外，应急物资平台如与各电票开户行进行系统直连对接实现票据锁定和解锁的功能，也存在成本高、效率低等问题。

为解决这一难题，应急物资平台通过海尔财务公司接入票交所的"票付通"产品，该产品可以为应急物资全产业链场景提供票据结算服务，解决平台见证支付服务痛点，同时，进一步解决了贸易信息与票据支付信息关联的难点，降低了平台运营成本。

"票付通"产品上线10分钟内，平台用户沈阳海辰智联科技有限公司、遵义市乐辉塑业有限公司等实现2笔交易，交易金额9万元。

四、海尔引入"票付通"业务展望

展望2021年，经济复苏向好的格局有望持续，随着新冠肺炎疫情影响的进一步消退，2021年中国经济增长将进一步向常态回归，经济增长驱动力将从以生产和投资为代表的政策逆周期扩张转换为以制造业及消费为代表的内生动能的持续修复，预计2021年全年经济增速将显著高于2020年。

新经济环境下，票据市场变化日新月异，既为市场参与主体创造了机遇，也带来了挑战。下一步，海尔财务公司将重点从三方面推进票据业务，支持中小微企业融资，提升客户体验，服务好实体经济发展。

（一）积极响应票交所号召，创新票据产品服务

积极响应票交所号召，创新票据产品服务，争取成为票交所供应链票据平台试点单位。一方面，推动应收账款票据化，提高中小企业应收账款的周转率和融资可得性；另一方面，降低结算成本，解决票据不可拆分的痛点，协助票交所完善供应链票据平台功能。

（二）深度挖掘集团全方位生态场景下的结算需求

在票交所资源的支持下，大力推进各类票据创新产品在海尔产业生态场景的实践应用，包括但不限于"票付通"等，共创共建最佳票据实践应用案例。

（三）加速打造更多适合工业互联网平台客户的场景化金融解决方案

通过卡奥斯工业互联网平台整合内外部各方资源力量，在结算、贷款、信

用、风控等各方面，加速打造更多适合工业互联网平台客户的场景化金融解决方案，吸引更多企业上平台、用平台。通过积极探索和创新，共同构建金融数字化服务新生态，真正赋能工业互联网平台上的中小企业发展，促进国家经济发展向更高质量转型。

供稿单位：海尔集团财务有限责任公司

执 笔 人：王　恺　钟盈国

建设跨境人民币贸易融资转让服务平台
进一步激发市场主体活力

　　跨境人民币贸易融资转让服务平台（以下简称跨境平台）是为境内外金融机构提供跨境人民币贸易融资相关服务的综合性数字化平台。首届进博会召开前期，在人民银行宏观审慎管理局的决策部署和上海总部的具体指导下，票交所会同部分金融机构开启了对于跨境贸易融资平台的研究探索。票交所以"服务实体经济、促进贸易投资便利化"为导向，经过充分调研、多方研讨和反复论证，提出建设跨境人民币贸易融资相关服务的综合性数字化平台的设计方案和现实可行的实施路径。

一、跨境平台建设背景

　　2020年2月14日，人民银行等四部委和上海市政府发布《关于进一步加快上海国际金融中心建设和金融支持长三角一体化发展的意见》（银发〔2020〕46号），明确提出依托票交所建设平台，促进人民币跨境贸易融资业务发展。该项工作也被列入2020年上海国际金融中心建设工作要点。2020年7月6日，跨境平台建设正式启动。在人民银行总行和上海总部的指导下，票交所顺利完成跨境平台的建设及机构接入工作，于2020年11月3日投产上线。

二、跨境平台业务类型及功能

跨境平台为金融机构提供跨境贸易融资线上转让服务，一期业务包括同业代付和福费廷转让。同业代付是指代付方接受委托方的委托向指定收款人付款，委托方在约定还款日偿还代付款项本息的资金融通行为；福费廷转让是指在二级市场中，卖出方将其持有的未到期的信用证项下的福费廷资产无追索权地转让给买入方，信用证开证行、保兑行或承兑行到期支付信用证项下款项的债权买断行为。

跨境平台拥有包括贸易融资信息登记、同业代付交易、福费廷转让等功能，实现跨境人民币贸易融资转让业务全流程线上化，提升信息集中度，提高交易效率。同时，通过设定业务参数有效控制跨境人民币贸易融资转让业务规模、资金流动方向等要素，有助于人民银行从宏观层面管理人民币跨境流动的方向和规模。

三、跨境平台优势及创新点

（一）业务线上集中高效处理

传统的跨境贸易融资二级市场，基本采用线下询价、一对一交易模式开展相关业务，市场信息分散、透明度较低。跨境平台实现了跨境贸易融资二级市场业务的线上集中化处理，将分散的市场主体集中于一处，通过线上对话报价的交易方式，提高市场主体间信息传递效率和市场透明度。同时，以平台生成的标准化电子成交单和交易主协议取代线下一对一签订纸质合同，简化交易流程，显著提升交易效率。跨境平台操作规程细化了跨境平台业务处理流程，明确交易双方的权利义务，强调了参与者的纪律与责任。通过制度协议统一业务规范，形成安全、便捷、合规的交易环境。

（二）平台设计具备国际化视野

平台业务流程设计兼顾境内监管规定和国际通行惯例，支持中英文双语自由切换，操作规程、操作手册和主协议等在发布中文版的基础上提供参考英文版，全方位提升境内和境外、中资和外资机构的平台使用体验。平台从建设初期即受到境内外市场参与者的高度关注，首批参与机构64家，其中境内机构24家、境外机构40家，覆盖全球四大洲15个国家和地区。丰富的市场参与主体和顺畅的流通渠道有助于拓展市场的广度和深度。

（三）建立完备的风险防控机制

跨境平台在业务规则设计中强化平台参与机构对于底层资产贸易背景真实性的审核要求，并严格审核接入机构的相关业务资质，同时在主协议中引入完善的违约事件处理规则，提升业务安全性。针对跨境资金大额高频流动引发风险等问题，跨境平台加入阈值参数设置和分级预警机制，系统后台对于业务总规模、单笔业务规模、单家机构业务规模参数以及资金流入、流出开关均可进行设置，通过调节资产供给端的规模等方式予以管理，将风险控制在最低水平。

四、跨境平台一期运行情况及市场影响

截至2020年12月31日，跨境平台共有26家机构达成交易32笔，合计金额22.10亿元。其中，福费廷转让28笔，金额22.05亿元；同业代付4笔，金额0.05亿元。参与交易的金融机构中，工商银行上海市分行、建设银行上海市分行及大华银行交易量较高；从集团维度看，工商银行、建设银行及大华银行交易较为活跃。

跨境平台首批意向参与机构64家，覆盖全球四大洲15个国家和地区。其中，境内机构24家，包括上海地区的政策性银行、大型商业银行、股份制商业银行和外资银行；境外机构40家，主要为大型商业银行和股份制商业银行的境外分行。截至2020年12月31日，已有49家机构接入跨境平台，其中境内机构21家、境外机构28家。

跨境平台上线以来，市场反馈积极。参与机构表示，跨境平台的上线运行对于进一步激发市场主体活力有较强的积极影响。

一是显著提升了交易效率和业务处理便利度。通过实现跨境贸易融资二级市场业务的线上集中化处理，提高市场主体间信息传递效率和市场透明度。以平台生成的标准化电子成交单和交易主协议取代线下一对一签订的纸质合同，使交易流程得

到简化，业务处理便利度提高。

二是增强了跨境贸易融资市场活跃度。平台通过提升交易效率，激发了机构办理跨境人民币贸易融资业务的积极性。境内外参与机构跨境贸易融资交易活跃，市场流动性显著提升，多家机构表示了较强的接入平台并办理贸易融资业务的需求。

三是有助于推动跨境贸易融资利率下降。上线以来，平台福费廷转让及同业代付加权平均利率为2.82%，与同期票据转贴现利率及同业存单利率相比持平略低。跨境平台有助于降低外贸企业跨境贸易融资成本，推动跨境贸易融资利率下降，促进实体企业健康发展。

下一阶段，跨境平台将拓展参与机构范围至全国，尤其是长三角地区、珠三角地区等具有强烈贸易融资转让需求的地区。同时，未来将逐步实现线上清算功能，与人民币跨境支付系统对接，通过人民币大额清算系统、人民币跨境支付清算系统进行结算，实现资金和资产同步交收，从而控制结算风险，保障交易安全，进一步增强跨境平台对实体经济及金融市场的服务功能。

供稿单位：上海票据交易所

执 笔 人：倪宏侃　崔文琪

贸易融资新探索　金融赋能"双循环"
——中国银行跨境人民币贸易融资资产转让服务平台创新实践

2020年2月，人民银行、银保监会、证监会、外汇局、上海市政府发布了《关于进一步加快上海国际金融中心建设和金融支持长三角一体化发展的意见》，提出依托票交所建设平台，促进人民币跨境贸易融资业务发展。为此，票交所搭建了跨境平台，通过引入境外机构参与人民币资产跨境转让，扩大人民币计价资产的种类和规模。中国银行作为第一批试点金融机构之一，积极投身跨境平台的建设，为跨境平台的系统搭建、制度建设及流程设计建言献策。

中国银行是海外机构覆盖最广、跨境人民币结算量最大、跨境人民币产品最丰富的中资银行之一，从近几年参与跨境人民币投融资业务实践来看，开展贸易融资资产跨境转让业务，有助于推动人民币跨境使用，有助于服务实体经济，有助于推进上海国际金融中心建设，有助于支持国内市场大循环、服务国内国际双循环。

一、参与跨境平台情况

（一）服务实体经济，中国银行在行动

"十四五"时期，我国将充分发挥制度优势、超大规模市场优势和内需潜力，坚持扩大内需这个战略基点，深化供给侧结构性改革，加快构建以国内大循环为主

162

体、国内国际双循环相互促进的新发展格局。

进入新发展阶段，国内外环境发生了深刻变化。中国银行发挥百年传承的担当精神及国有大行使命，聚焦服务实体经济，持续着力发展科技金融、普惠金融、绿色金融、跨境金融、消费金融、县域金融。对内，中国银行大力支持普惠金融、民营企业、"两新一重"、绿色金融等重点领域，落实国家区域协调发展战略，着力提升境内业务竞争力，推动全行服务中心下沉，精准服务实体经济；对外，中国银行稳中求进，跨境人民币结算量、清算量市场领先，在全球网络布局总体稳定的基础上，动态优化区域业务布局，完善全球一体化客户营销服务体系。

随着人民币国际化的不断推进，境外人民币客观上存在投资保值、资产对接的需求。在这样的背景下，跨境平台通过逐步引入境外参与机构，有助于打通境内外两个市场的资源利用，促进人民币全球流通，落实"六稳""六保"要求；有助于进一步发挥中银全球联动优势，畅通实体经济血脉，为境内企业提供更多元化的融资服务，为金融支持实体经济开辟新的资金来源渠道。

（二）连通境内外，跨境平台促流动

全球经济互联互通是未来经济发展的客观要求。新形势下，需继续坚持对标高水平开放要求，着力推动金融业开放取得新的更大的进步；在"一带一路"沿线等关键市场，提高业务渗透率和金融服务水平；充分用好国内国际两个市场、两种资源，为国际经贸合作探新路、开新局。

跨境平台为境内外金融机构提供贸易融资资产的跨境转让服务，不仅便利了银行间贸易融资资产流动，提升了境内外金融机构办理跨境贸易融资业务的活跃度，而且对投资贸易自由便利化及更高水平的金融对外开放起到积极的促进作用，助力高质量"走出去"和高水平"引进来"，为畅通双循环贡献力量。

中国银行主动融入国家对外开放格局，积极参与跨境金融服务创新，组织上海分行与悉尼分行率先完成了跨境平台的全球首笔交易，发挥全球联动优势，陆续为多家客户办理了多笔跨境资产双向转让及同业代付业务，帮助外贸企业第一时间享受平台便利化红利，降低融资成本，提升跨境人民币贸易融资业务办理效率，成为品种最全、笔数最多、客户最广、业务办理时间最早和境外机构参与度最高的试点机构。

二、以数字科技为动力服务跨境业务

全球经济正从IT时代加速向数字化时代演进，数字科技成为最重要的生产力。中国银行业的数字化转型加速势在必行，在产品、营销、渠道、运营、风控和决策等各环节面临全面的数字化转型和线上线下一体化的深度融合。

跨境平台通过科技创新赋能交易银行业务，用数字思维重塑业务和服务流程，打造线上化跨境场景生态，有利于规范跨境贸易融资业务交易秩序，提升交易活跃度，激发市场主体活力，推动贸易融资便利化，降低外贸中小企业融资成本，防范化解业务风险，加速商流、物流与资金流的协同流转。

中国银行积极与同业金融机构开展跨境平台业务合作，穿透核实基础交易真实性，提高贸易融资业务处理效率，解决国际贸易融资过程中信息不对称问题，有效防范虚假贸易、重复融资风险，促进经济金融恢复动力，支持并活跃后疫情时代的全球贸易活动。

在全球经济遭受疫情冲击的情况下，人民币国际化依然保持良好势头，充分显示出人民币不断提升的国际影响力。中国银行将继续贯彻党中央、国务院关于"六稳""六保"决策部署，继续倾力支持进博会等国家战略，以跨境平台为契机，深层次服务实体经济，着力打造客户多样化、产品专业化和联动一体化的跨境人民币贸易融资全方位金融服务，充分发挥全球化、综合化优势，积极参与跨境平台的推广，探索区块链、大数据、人工智能、云计算等新兴科技在贸易金融等银行业务领域中的应用，沿着"业务技术深度融合、有效防控金融风险、助力实体经济发展"这一主旋律，为推动金融业高水平开放、服务国内国际双循环贡献中行力量。

供稿单位：中国银行

执笔人：王　琼　崔峻峻

加速新业态新场景创新
推动金融高水平对外开放
——中国建设银行跨境人民币贸易融资转让业务实践

2020年11月3日，跨境平台上线发布会在沪举行。人民银行系统、上海市政府有关部门及24家金融机构的100余位嘉宾参会。中国建设银行（以下简称建设银行）作为首批参与机构代表之一参会并签署主协议。

跨境平台是落实《关于进一步加快上海国际金融中心建设和金融支持长三角一体化发展的意见》的具体举措，是由人民银行指导票交所联合相关机构建设开发，为境内外金融机构提供跨境人民币贸易融资相关服务的综合性数字化平台。建设银行高度重视跨境平台的建设工作，前期深度参与了平台的需求讨论、制度建设和系统测试等工作。跨境平台投产上线后，建设银行迅速启动，其上海分行协同联动悉尼分行、台北分行、澳门分行、纳闽分行等多家海外机构和境内外资银行，首日即成功落地5笔跨境人民币福费廷转让交易，金额合计近6亿元人民币，交易量位居同业首位，在第三届进博会召开前夕，为跨境贸易的发展添上一道亮丽的风景线。

一、加速推进数字化转型，以金融科技助力跨境贸易高质量发展

跨境平台为境内外金融机构提供了高效的跨境人民币贸易融资资产转让服务。传统跨境贸易融资业务采用线下询价、一对一交易模式，市场价格不够透明，交易

效率不高。跨境平台的投产上线，成功将分散的市场主体集中于一处，通过线上对话报价、标准化电子成交单和交易主协议，显著提高了市场主体间信息传递效率和交易效率。同时，跨境平台引入基于区块链的分布式数据存储、共识机制和加密算法等，实现物流报关信息、融资信息等数据的共享比对，核实底层贸易的真实性，有效防范虚假贸易、重复融资风险，缓解传统跨境贸易融资中常见的信息不对称等痛点问题。

商业银行数字化转型是对接数字经济时代的新要求。金融科技是建设银行"三大战略"之一，近年来建设银行在这方面做了很多有益的尝试。一是深化与"国际贸易单一窗口"的合作，加速线上布局，强化线上结算、融资产品场景化、组合化应用，进一步发挥金融对外贸的支持作用，有利于优化口岸营商环境，提高通关便利化水平，让更多的外贸企业享受便利化服务。二是加速新业态新场景创新，积极探索区块链物流金融、区块链再保理等新功能，丰富区块链贸易金融产品体系。

二、稳慎推进人民币国际化，持续增强参与国际竞争能力

跨境平台的上线，契合了上海国际金融中心建设发展要求及临港新片区高水平对外开放的定位，为金融机构向跨境贸易提供人民币融资服务后的资产流动性管理提供支撑，同时也为国际市场提供优质的人民币贸易金融资产，引导更多人民币资金进入国际贸易领域，支持并活跃后疫情时代的全球贸易活动。建设银行积极参与跨境平台的建设运营，服务好客户的各类需求，切实让人民币在真投资、真贸易中发挥作用，促进人民币国际化行稳致远。

在新发展格局背景下，建设银行作为国有大行，主动作为，以金融服务实体经济，以金融服务国家战略，发挥主观能动性，在人民银行的指导下，按照"顺应市场需求、服务实体经济、坚守风险底线"的原则，人民币跨境业务在抗疫保稳、服务实体、深化自贸区金融改革等方面取得积极成效。一是积极贯彻国家稳外贸稳外资战略部署，大力推进对实体经济的人民币跨境金融服务。积极支持疫情防控和企业复工复产，简化疫情防控相关跨境人民币业务办理流程，践行跨境人民币结算便利化。二是自贸区金融改革先行先试，落实《关于进一步加快上海国际金融中心建

设和金融支持长三角一体化发展的意见》相关政策，为优质企业实施跨境人民币结算便利化，作为首批银行之一，办理境内贸易融资资产和跨境人民币贸易融资跨境转让业务，开展基于自由贸易账户的系统集成式改革创新。

三、深入贯彻中央稳外贸稳外资工作部署，助力"双循环"发展

"稳外贸稳外资"是"六稳""六保"的重要内容。建设银行以"新金融"理念助力对外贸易创新发展。一是服务"五个优化"（优化国际市场布局、优化国内区域布局、优化经营主体、优化商品结构、优化贸易方式），加大对重点行业、重点领域的贸易融资投放。二是在"双循环"背景下，打通国际国内产品体系，优化业务流程，推动跨境金融服务向境内延伸，服务全球产业链，促进内外贸一体化发展，以国际业务特色产品服务"双循环"。三是服务国家战略，把握长三角、粤港澳大湾区、"一带一路"沿线等重点区域的建设机遇，在金融开放创新方面先行先试，取得了多项创新成果。

跨境平台致力于有序带动贸易融资市场的活跃，加快商流、物流与资金流的流转，畅通内外循环通路，助力形成内外互济的双循环格局。建设银行勇做改革创新的"排头兵"，充分发挥在沪成立的建行（上海）国际金融创新中心的作用，将进一步积极参与跨境平台的后续建设和推广，切实服务实体经济，助力国内国际双循环的发展，为金融业高水平开放、构建新发展格局、推动经济全球化作出更大贡献。

供稿单位：中国建设银行

执 笔 人：邹林秀

第四部分

CHAPTER 4

票据市场风险防控

开展商业汇票信息披露
推动票据市场信用体系建设

　　自2020年初起，商业承兑汇票信息披露机制建设稳步推进。在人民银行的制度安排下，商业承兑汇票信息披露经过一年的试点，正逐渐由过渡期走向全面实施。这为构筑我国商业承兑汇票信用环境，推动中国票据市场信用体系建设，夯实票据市场规范发展基础，迈出了关键的一步。

一、商业承兑汇票信息披露工作的背景和意义

　　近几年，商业承兑汇票业务需求持续增长。2020年，商业承兑汇票累计承兑量3.62万亿元，同比增长19.77%，占全市场累计承兑量的16.39%，占比较上年增加1.55个百分点。同期商业承兑汇票累计贴现量1.03万亿元，同比增长9.85%，占全市场累计贴现量的7.70%。商业承兑汇票凭借签发便利、融资简便、成本低廉等特点，成为企业重要的短期支付、周转和融资工具。与此同时，商业承兑汇票又具有凭证法定、账期固定、市场认可度及流动性相较于应收账款更高等优势，在优化企业应收账款结构、提高应收账款流转与融资效率等方面能够发挥重要作用。

　　然而，不可否认的是，商业承兑汇票相较于银行承兑汇票，在流通性和融资性等方面仍有不小的差距，这囿于商票市场信息透明度低、商业信用体系不健全等多

种因素。主要表现在：一是商票市场信息透明度较低，违约处置机制约束力弱，致使持票人合法权益难以得到保障；二是融资便利性仍较低，贴现比率偏低，融资功能未能充分发挥；三是市场接受度和流动性有待进一步提高，企业间背书流转率和金融机构间转贴现交易流转率低。商业信用体系不健全是造成当前商业承兑汇票发展瓶颈的根本原因。

因此，建立健全商业承兑汇票信息披露机制是增强商业汇票信息透明度、降低商业汇票市场信息不对称、完善市场化约束机制、防范商业汇票业务风险、保障持票人合法权益、促进商业汇票市场流动性的有效措施。开展商业承兑汇票信息披露工作，对于推动票据市场信用体系建设、促进票据市场持续健康发展、助推构建新发展格局等方面意义深远。

二、商业承兑汇票信息披露试点工作开展情况

（一）试点工作相关情况

2020年1月15日，为加强票据市场信用体系建设，根据人民银行有关要求，票交所发布《关于商业汇票信息披露平台试运行有关事项的通知》（票交所发〔2020〕9号）。1月16日，商业汇票信息披露平台上线试运行，试点工作正式开始。

2020年2月28日，为便利商业汇票承兑人披露票据相关信息，票交所发布《关于商业汇票信息披露平台自主注册功能上线的通知》（票交所发〔2020〕21号），上线商业汇票信息披露平台自主注册功能。商业汇票承兑人可在平台自主注册后开展信息披露工作，试点范围逐步扩大。

2020年6月5日，人民银行发布《关于规范商业汇票信息披露的公告（征求意见稿）》。6月7日，票交所发布《商业汇票信息披露操作细则（征求意见稿）》，面向社会公开征求商业汇票信息披露相关意见，以期通过规范承兑人商业汇票信息披露，建立承兑人信用约束机制，从而改善市场信用环境，促进商业汇票更好地发挥其功能作用。

2020年9月18日，人民银行等八部门联合发布《关于规范发展供应链金融　支持供应链产业链稳定循环和优化升级的意见》，明确提出"加快实施商业汇票信

息披露制度。提升应收账款标准化和透明度，支持供应链票据发展和标准化票据融资"。

2020年12月23日，人民银行发布公告（中国人民银行公告〔2020〕第19号），规范商业承兑汇票信息披露工作。公告自2021年8月1日起正式施行，明确票据信息披露约束机制，促进商业承兑汇票更好地发挥其功能作用。

2020年12月30日，票交所发布公告（票交所公告〔2020〕4号），出台《商业承兑汇票信息披露操作细则》，为信息披露提供具体操作指引，要求承兑人应在票据信息披露平台（http://disclosure.shcpe.com.cn）完成注册，并按要求披露票据承兑信息和承兑信用信息。

（二）平台建设情况

票据信息披露平台建设主要围绕制度制定、系统建设、推广宣传等方面积极展开。

一是积极完善配套制度。在广泛征求相关部门、金融机构、企业意见基础上，研究制定配套制度文件《商业承兑汇票信息披露操作细则》。

二是全力开展平台服务保障工作。密切关注系统业务运行情况与试点机构披露情况，开展系统运行情况日常检查、业务咨询、技术支持和用户服务等工作。

三是持续优化系统功能。2020年2月上线用户自主注册功能，定期开展版本优化工作。与此同时，研究推出金融机构信息披露便捷查询功能，优化后台管理流程，有效提升企业用户操作效率和用户体验。

四是积极开展信息披露平台宣传推广。通过票交所官网、公众号、新闻媒体等多种渠道，运用宣传稿件、用户答疑、培训授课等多种形式，积极加强票据信息披露宣传推广工作，广泛宣传票据信息披露相关要求和意义，切实提高市场关注度和参与度。

（三）试点机构披露情况

历经近一年的试运行，票据信息披露试点工作持续推进，平台注册和披露用户数量持续增加，市场关注度和用户活跃度逐渐提升，为商业承兑汇票信息披露机制正式落地实施奠定了基础。截至2020年12月31日，票据信息披露平台注册用户数达到418家，其中企业387家、财务公司31家，覆盖全国24个省份，披露承兑信息的票据约15万张，披露金额超1 000亿元。票据信息披露平台试运行以来，累计公众查询量约28万次。

三、商业承兑汇票信息披露机制的主要内容

中国人民银行公告〔2020〕第19号对商业承兑汇票信息披露工作进行了规范，票交所配套出台了商业承兑汇票信息披露操作细则。这一系列文件的正式公布和实施，标志着商业汇票信息披露机制的建立。

（一）明确票据信息披露责任主体及披露要求

中国人民银行公告〔2020〕第19号明确了商业汇票承兑企业为信息披露责任主体，同时明确财务公司承兑汇票的信息披露参照执行，规定自2021年8月1日起，商业汇票承兑企业和财务公司应当按要求向社会公开披露票据承兑信息和承兑信用信息，并且要求信息披露责任主体应当对披露信息的真实性、准确性、及时性和完整性负责。其中，票据承兑信息披露应至少包括出票日期、承兑日期、票据号码、出票人名称、承兑人名称、承兑人统一社会信用代码、票面金额和票据到期日；票据承兑信用信息披露应至少包括累计承兑发生额、承兑余额、累计逾期发生额、逾期余额。

（二）强化市场参与者信用风险防控能力

商业承兑汇票信息披露机制多措并举强化市场参与者信用风险防控能力，有利于帮助市场参与者判断承兑人履约情况。一是信息披露制度要求披露承兑信用信息，其中包括"累计承兑发生额"和"承兑余额"，可以帮助市场参与者提前了解承兑人承兑情况，判断是否存在过度承兑的信用风险，制约承兑人超过兑付能力过度承兑。二是承兑信用信息包括近5年内"累计逾期发生额"和"逾期余额"，使市场参与者能够了解承兑人的中长期票据信用状况，对引导承兑人提升商业信用意

识、制约恶意拒付等失信行为形成长效约束机制。

通过商业承兑汇票信息披露机制，企业在签收商业汇票前，可通过信息披露平台查询票据承兑信息，提前识别相关票据风险，优化决策，保障自身合法权益，从而增强企业层面信用风险防控能力。金融机构在办理承兑、贴现、质押、保证等业务时，制度要求金融机构履行相关查询义务，了解企业承兑票据信息及票据信用情况，从而增强金融机构层面信用风险防范能力，引导资金向高信用企业倾斜，提升金融服务实体经济精准度。

（三）构建信息披露激励和惩戒机制

提高承兑人信息披露积极性、增加承兑人违约成本，有利于促进承兑人及时履行信息披露义务，增强商业信用意识，优化票据市场信用环境，活跃商业汇票市场需求，保障商业汇票业务健康发展。

首先，信息披露机制要求对存在"开展商业汇票承兑业务，但未在票据信息披露平台进行注册""经开户机构报告电票业务账户被有权机关认定为伪假""连续3个月以上未披露承兑信用信息""6个月内出现3次以上付款逾期"以及其他监测中发现的异常披露情况进行提示。

其次，金融机构办理商业承兑汇票的贴现、质押、保证等业务前，制度要求其应当通过票据信息披露平台查询票据承兑信息，票据承兑信息不存在或者票面记载事项与承兑人披露的信息不一致的，金融机构不得办理票据贴现、质押、保证等业务。

最后，承兑人披露信息若存在延迟、虚假或者承兑票据持续逾期的，制度要求金融机构应当审慎为承兑人办理银行承兑业务，审慎为承兑人承兑票据办理贴现、质押、保证等业务。

与此同时，信息披露正向激励机制也初步形成。制度明确承兑人披露信息及时、准确且承兑票据无逾期记录的，金融机构可以优先为承兑人办理银行承兑业务，优先为承兑人承兑票据办理贴现业务。完善激励机制有利于促进优质承兑企业信息披露与商票融资利率下降及融资便捷性提升之间的良性循环互动，引导承兑企业提高信用意识，重视自身信用情况，规范票据业务操作，主动及时开展信息披露。

（四）探索建立跨市场交叉信息披露机制

2020年9月18日发布的《关于规范发展供应链金融 支持供应链产业链稳定循环和优化升级的意见》要求，"建立商业承兑汇票与债券交叉信息披露机制，核心企业在债券发行和商业承兑汇票信息披露中，应同时披露债券违约信息和商业承兑汇票逾期信息，加强信用风险防控"。商业承兑汇票信息披露机制进一步明确，将探索建立商票市场与债券市场的跨市场交叉信息披露机制。人民银行公告明确，承兑人可以通过票据信息披露平台披露其他信用信息。承兑人可将相关信用披露信息链接通过票据信息披露平台向公众披露，在债券市场发生违约的，可以通过票据信息披露平台披露相关信息。

四、票据信息披露平台业务流程简介

票交所建设运营的票据信息披露平台是人民银行认可的票据信息披露平台，商业汇票承兑企业在平台注册后，可披露自身的票据承兑信息和承兑信用信息等相关信息，社会公众可访问平台查询有关信息。

（一）注册认证

承兑机构在该系统中可通过用户基本信息填写、用户验证、电票业务账户绑定步骤完成账户注册认证。其中，企业与财务公司的电票业务账户绑定流程略有不同。企业需经票据签发、票号填写、信息比对和邮件通知步骤完成绑定。财务公司需经票号填写、票样发送、信息核对和邮件通知步骤完成绑定。

（二）票据承兑信息披露

承兑机构应披露每张票据的承兑信息，具体地，可采用系统推送信息披露、设置自动披露和自主填写披露三种披露操作方式。采用系统推送信息披露方式，从票据收票人签收日次日起，承兑机构可在系统中查询尚未披露的票据承兑信息，点击确认完成披露信息。采用设置自动披露方式，承兑机构可在用户信息修改页面设置自动披露承兑信息，系统会从设置成功之时起将每日新增的推送数据自动披露。采用自主填写披露方式，承兑机构自行填写拟披露的票据承兑信息并提交。

（三）票据承兑信用信息披露

承兑机构应按月披露承兑信用信息，同样可采用系统推送信息披露、设置自动披露和自主填写披露三种操作方式。采用系统推送信息披露方式，每月1日系统将向承兑机构推送系统统计的截至上一月月末的票据承兑信用信息，承兑机构点击确认后完成披露。采用设置自动披露方式，承兑机构可在用户信息修改页面设置自动披露承兑信用信息，系统会从设置成功之时起自动披露信用信息。采用自主填写披露方式，承兑机构自行填写提交拟披露的承兑信用信息，系统将于成功提交后进行信息比对，当填写信息与系统比对结果不一致时，系统将进行标注。此外，承兑信用信息上传的窗口期为每月前10日，承兑机构仅能提交截至上一月月末的承兑信用信息，用户自主填写时可于备注栏备注需要说明的内容。

（四）公众查询

金融机构、持票企业、社会公众可访问票据信息披露平台网站，输入筛选条件查询已披露的票据承兑信息或承兑信用信息。

五、商业承兑汇票信息披露工作展望

随着商业承兑汇票信息披露工作的深入开展，将会有越来越多的商票承兑企业在票据信息披露平台注册并披露票据相关信息，商票信息透明度将进一步提升，商票信用体系建设也将以此为突破口进一步发展。

（一）加大商业承兑汇票信息披露工作的宣传推广力度

开展立体式宣传推介，推动商票承兑人对开展信息披露相关要求应知尽知。从票据信息披露的意义、人民银行关于规范商业承兑汇票信息披露公告的要求、票交所配套的操作细则、票据信息披露平台的主要业务功能、企业开展信息披露的操作流程、企业在平台的便捷操作等方面，采取动漫视频、宣传页等承兑人喜闻乐见的

方式，开展立体式宣介，引导承兑人注册和披露，夯实信息披露推广基础。

（二）持续优化票据信息披露平台功能，为用户提供更友好的体验

设计企业信息披露便捷操作功能，提高企业信息披露的效率。研究推出金融机构信息披露查询便捷操作等功能，为金融机构办理票据贴现前的批量查询提供便利。通过平台功能的持续优化，提升平台服务和用户体验。

（三）以商业承兑汇票信息披露为契机推动票据市场信用体系建设

商业承兑汇票信息披露工作的开展，为票据市场信用体系建设迈出了重要一步。随着信息披露工作的深入开展，可进一步在票据市场信用评级、违约惩戒制度等方面进行研究和探索，逐步建立健全票据市场信用体系。

供稿单位：上海票据交易所

执 笔 人：王绍兴　张　斌　杨　扬

金融科技赋能票据市场
风险防控研究

商业汇票自诞生以来，在服务实体经济、解决中小微企业及民营企业资金诉求方面起着至关重要的作用。票交所成立后，在制度完善、市场规范、信息披露等方面取得了积极成果，票据市场电子化水平不断提升，参与者范围不断扩大，风险得到有效防控，但面对市场环境的不断变化，未来仍将面临诸多挑战。

票交所根据人民银行的工作部署，结合《国家信息化发展战略纲要》《"十三五"国家信息化发展规划》《中华人民共和国国民经济和社会发展第十三个五年规划纲要》《中国金融业信息技术"十三五"发展规划》，依托现代信息技术手段持续完善票据基础设施建设，切实提升票据市场服务实体经济的能力与风险防范水平。

随着大数据、人工智能、区块链、云计算、物联网以及5G等技术的逐渐成熟，金融科技在助力业务创新高效发展方面发挥着十分重要的作用，票交所将进一步依托金融科技的力量，紧紧围绕服务实体经济、防控金融风险、深化金融改革，通过大数据技术、知识图谱等技术持续完善票交所系统，为票据市场繁荣稳定不断努力奉献。

一、大数据应用更好地支撑票据风险防范

企业作为票据的出票人，是票据市场的源头，企业经营能力、出票额度以及兑

付能力与票据市场的健康发展密切相关。目前，票交所系统根据国家工商权威数据对票据业务企业要素信息进行校验，加强了对企业身份的真实性验证核对。未来票交所系统可探索引入各渠道公开披露的数据信息，尝试形成多维度企业画像，并利用大数据技术对企业画像信息进一步分析整合。同时，要充分发挥数据作为生产要素的作用，研究经大数据整合分析的数据服务商业机构的方法，以帮助市场机构共同提高票据市场整体风险联防联控能力。

票据市场数据监测是防范票据市场发生系统性金融风险的压舱石。"十四五"期间，随着票据电子化程度的提高，票交所作为票据市场的登记托管中心，其登记托管信息、票据交易信息日益增多，带来海量数据存储和处理的技术难题，但票据市场交易所产生数据的潜在价值也随之不断提升。随着云计算技术的日益成熟与广泛应用，海量数据存储和处理技术难题得到有效解决后，大数据技术能够很好地应用于票据市场的数据监测场景中。首先，基于票据市场的数据，结合典型的风险特征进行市场行情异常监测，如异常交易金额、异常交易利率。其次，可以引用外部数据开展多方面风险数据预测，如利用银保监会对外公开的风险客户名单、法院对外公布的"失信被执行人"名单以及国家、地方税务网站公开的非正常纳税户名单等外部监管数据，对潜在风险进行针对性排查。此外，还可以根据市场主体特点进行风险评估，如贸易融资背景不真实的风险，因承接产业转移、发展外来投资等领域而产生的风险，因传统产业转型升级可能导致区域经济下滑而带来的信用风险等。在全面提高风险预测与防范水平方面，还可以利用市场数据深度挖掘物流、信息流、资金流等有关联、有价值的信息，结合票据交易行为，为商业银行机构提供参考信息，助力商业银行机构提升风险防范能力。

票交所成立之前，整个市场的信用评级、登记、查询、评价及信息渠道未能有效建立，导致一些中小企业苦于缺少信用记录而无法有效融资。随着信息技术的发展，尤其是大数据技术的突飞猛进，IT系统所具备的信息储存、查询、处理、更新和共享能力能有效消除时间、地域和行业的限制，使建立统一的信用基础平台成为可能，结合商业汇票信息披露制度的建立与完善，共同促进良好信用环境的形成与快速发展。

二、信息上链推进信息共享，减少信息不对称风险

区块链技术是计算机科学技术发展到一定高度应时而生的产物，它是一种将点对点传输、分布式、密码学、网络理论等成熟技术综合运用的新技术。较之中心化方式，区块链不但是一种能实现既定社会目标的信息分散决策机制，也是实现帕累托资源配置的有效方案，其较好地解决了因非对称信息所导致的机会主义行为。可以说，区块链技术是继IBM大型机、个人电脑、微软Windows、互联网、移动互联网、社交网络之后计算范式的又一次创新。数字票据交易平台是区块链技术在金融市场基础设施应用的一次全新尝试。早在2016年，在人民银行统一部署下，票交所会同数字货币研究所与中钞信用卡公司及试点商业银行进行了基于区块链的数字票据全生命周期（含票据登记流转）研究探索，同年12月15日完成原型系统开发并在模拟环境中试运行成功。2017年，票交所和数字货币研究所共同牵头，在原型系统上积极有效推动数字票据交易平台实验性生产系统的研发工作，于2018年1月25日投入生产环境并成功运行。数字票据交易平台实现了数字票据签发、承兑、贴现和转贴现，具备"链上确认，线下结算"业务功能，充分发挥区块链信息共享的特点，对解决票据市场发展中信息不对称的突出问题具有里程碑意义。票交所将在实验性生产系统基础上持续改进，充分发挥区块链的技术特点，在跨境贸易融资、票据支付结算以及票据市场风险防范领域研发更有商业价值的产品功能。

三、金融标准在风险防范领域的促进作用进一步发挥

党的十八大以来，在全国金融标准化技术委员会的引领和大力推动下，我国金融标准化工作进入全面发展阶段。短短数年间，我国制定并发布了百余项金融国家标准、行业标准，在推动金融行业发展、支持实体经济、改善人民生活方面发挥日益重要的作用。"十三五"期间，金融领域不断总结金融标准化成果，分析研究金融标准化工作形势任务，逐步推进标准制定，持续深化标准应用，建立新型金融业标准体系。

（一）推进LEI在票交所系统的应用

全球法人识别编码（Legal Entity Identifier，LEI）是按照国际标准化组织《金融服务法人识别编码》（ISO 17442:2012）国际标准为法人分配的唯一识别编码，旨在加强全球范围内法人以及法人控制关系识别、支持政府部门和市场参与者加强金融风险识别与管理、改善全球金融数据治理，也是落实中央"一带一路"部署的重要举措。推动LEI应用实施有利于提高我国金融机构和相关企业的国际认可度和信任度，优化营商环境，在提升我国金融基础设施国际化水平、支持金融市场更高水平开放、辅助金融管理部门防范化解系统性金融风险等方面具有重要意义。

作为一个全球化数据池，LEI极大地提高了全球市场的透明度和诚信度，提升了金融数据质量和准确性，同时能够帮助机构及企业降低内部风险，更好地评估微观和宏观风险，丰富监管方式，遏制和防范市场诈骗等风险。LEI不仅是交易机构身份的规范和治理，还以金融标准化为手段，打破了银行、证券、保险、票据等传统金融子部门之间的界限，实现跨部门风险的穿透式监管，在客户身份认证方面，也能作为通用标识符将所有数字证书链接到可自由访问的数据库中，做到数字证书的统一汇总、管理和维护。

（二）加快ISO 20022国际标准推广

ISO 20022《金融服务金融业通用报文方案》是2004年由国际标准化组织在ISO 15022《证券报文模式（数据域字典）》的基础上制定并发布的国际标准，是国际金融业务与IT技术紧密结合的产物。ISO 20022提供了一种面向业务建立的通用报文解决方案，使金融交易双方能够通过单一标准往来交易，在降低成本的基础上，达到跨产业协同运作的理想。

人民银行在2005年组织开展了ISO 20022的采标工作，于2011年发布国家标准，并推广至多个金融基础设施中实现应用，包括中国人民银行第二代支付系统（CNAPS2）已于2013年10月8日正式投产上线，其采纳了部分ISO 20022报文标准作为支付系统报文，全部报文格式均采用XML格式描述，同时跨境人民币支付系统（CIPS）采用ISO 20022作为报文标准设计框架，新设计报文全部采用SWIFT MX或ISO 20022标准。

中国票据交易系统和电子商业汇票系统（ECDS）均采用ISO 20022作为报文标准

设计框架，这是ISO 20022在金融领域运用的又一成功案例与示范，为"十四五"期间票交所系统直连接口、供应链票据平台接口与跨境贸易融资平台接口的建设提供实践指南，应用标准、使用标准将极大地降低平台参与者接入票交所基础设施的社会成本和技术难度。

（三）开展金融领域企业标准化实践工作

金融标准是金融业健康发展的重要支撑。"十四五"期间加强金融标准在票据领域的应用和推广，有着广泛而深远的意义。一是有助于普惠金融发展，支持中小微企业发展；二是有助于金融业票据市场创新发展，制定相应标准，降低票据市场整体金融创新门槛，降低金融创新成本，能更好地满足全社会对金融创新的需求；三是有助于防范金融风险，形成市场统一的交互体系，降低交易风险，配套制度与监管，规范市场秩序，有效防范票据风险事件；四是有助于金融业票据领域监管实践，为市场监管提供新思路、新手段。

2017年，由中共中央、国务院发布的《中共中央　国务院关于开展质量提升行动的指导意见》指出，应加快标准提档升级，并全面实施企业标准自我声明公开和监督制度，实施企业标准领跑者制度。金融领域企业标准"领跑者"活动是人民银行贯彻落实党中央、国务院决策部署，组织相关单位积极开展金融标准助力"深化金融供给侧结构性改革，增强金融服务实体经济能力"的重要举措。票交所作为金融领域重要基础设施之一，积极参与企业标准制定与发布工作，在引导金融市场标准化发展、鼓励票据领域标准优化设计、带动票据产品质量标准提升等方面发挥实践推动作用。在2020年总行评选企业标准活动中，票交所《票付通接口服务规范》荣获2020年企业标准"领跑者"称号。未来，票交所将进一步做好新产品推广、扩大业务影响力、增强票据市场引领力，为票据领域标准化实施、票据风险防范树立正面导向。

四、结语

票交所是人民银行批准成立的票据市场基础设施，票交所以打造综合性的票据市场基础设施服务体系，坚持服务实体经济、防控金融风险为使命担当，向市场提供票据报价交易、登记托管、清算结算、信息服务等功能，并承担中央银行货币政策再贴现业务的政策职能。未来票交所将在高效、安全地开展客户筛选、风险识别、风险防控，减少服务实体经济中的信息不对称、信用不完善，解决融资难融资贵等痛点，推动普惠金融、供应链金融、资产管理等服务模式，服务实体经济高质量发展等方面，通过大数据分析、区块链应用、金融标准推广等工具与技术手段，将票交所建设为世界一流的票据领域的登记托管中心、业务交易中心、创新发展中心、风险防控中心、数据信息中心，为票据市场的繁荣稳定作出更大贡献。

供稿单位：上海票据交易所

中票信息技术（上海）有限公司

执 笔 人：张文广　李雪哲　吴　刚　许自取　刘新顺

票据账户主动管理服务
防范票据业务风险

票交所于2020年10月30日发布了《关于开通票据账户主动管理服务的通知》，并于2020年11月2日开通票据账户主动管理服务功能，助力客户防范被冒名开户办理伪假票据业务的风险。

一、设计票据账户主动管理服务的背景

（一）伪假票据风险事件

2019年以来，不法分子假冒其他公司名义开户签发电子商票的风险事件时有发生。例如，2020年5月，某大型建设类企业发布公告称，发现有不法分子冒用该公司名义在个别银行开立银行账户，并通过该银行账户虚假开具商业承兑汇票。该开户银行并不是企业的合作银行，通过该账户出具的商业承兑汇票也不是该企业出具的。

票交所经与相关机构和人员核实，确认此类事件系不法分子盗用上述企业开户资料办理开户，并通过伪假账户的网银大量冒名签发商业承兑汇票。

此类假冒其他公司名义开户签发电子商票风险事件有以下特点：一是被冒名企业多为大型建筑类央企，此类企业信誉好，所出具的商业汇票市场接受度高，伪

造此类企业的商业汇票容易变现获利。二是被冒名开立的账户均为异地开户，由于地域相距较远，开户机构核实被冒名企业存在一定困难，多采取电话、函件方式核实，被不法分子钻了空子。三是开户机构审核不严，开户机构在办理企业开户时对客户基本信息的真实性审核不严，在提供电子商业汇票服务时未对企业客户开通电票业务权限进行严格管理。

（二）伪假票据不良影响

此类风险事件的发生，对票据各方均造成了负面影响：一是对于持票人来说，由于此类伪假票据由不法分子开具，票款到期无法兑付，将造成实际经济损失；二是对于被冒名企业来说，不法分子冒用该企业名义和信用在票据市场上融资谋利，一旦出现无法兑付的情况，被冒名企业将被卷入经济纠纷，并对其声誉产生负面影响；三是对于不法分子的开户机构来说，由于对不法分子的开户审核不严，风险发生后可能被连带追究责任；四是对于票据市场来说，此类伪假票据事件的发生将影响票据市场的正常运行，削弱票据市场参与者使用票据的信心，从而对票据市场造成一定的负面影响。

（三）对策分析

经分析，被冒名企业在全国范围内拥有多个结算账户，账户管理存在一定困难，并且被冒名企业对于被不法分子冒名开户办理伪假票据等违法行为无法及时知晓，对于此类风险防范较为被动。票交所针对受害企业面临的困难和风险，有针对性地设计推出了票据账户主动管理服务功能。

二、票据账户主动管理服务功能概述

票据账户主动管理服务是票交所提供的，由客户（金融机构以外的法人及其他组织）委托一个具有电票功能的结算账户的开户机构（开户银行或所属集团财务公司）在票交所相关系统（以下简称票交所系统）登记该客户所有可办理电票业务的结算账户信息的服务。

票据账户主动管理服务功能的两大特点是：第一，客户自愿办理。客户可以根据自身票据业务开展及内部风险控制情况，自愿开通票据账户主动管理服务功能。第二，客户自行确认具有电票业务权限的结算账户。客户将确认可以办理电票业务的结算账户委托开户机构在票交所系统登记，所登记的结算账户具备票据业务权限，可以办理电票业务，未登记的结算账户不具备票据业务权限，不能办理电票业务。

票据账户主动管理服务功能通过客户自行确认结算账户的方式，确保所登记的结算账户均被客户认可。即使客户被不法分子冒名开户，也无法以客户名称办理电票业务，从而防范了被冒名开户办理伪假票据的风险。

三、开通票据账户主动管理服务的意义

（一）有效防范了伪假票据业务的风险

票据账户主动管理服务通过建立客户账户白名单方式，有效协助客户防范了伪假票据风险。自票据账户主动管理服务开通以来，已开通该服务的客户未再发生被冒名开户办理伪假票据业务的事件，有力地维护了票据市场正常的结算秩序。

（二）提高票据接受度，提升客户信誉

票交所提供票据账户主动管理服务后，在防范伪假票据风险的基础上定期公布开通票据账户主动管理服务客户名录，让市场对该类客户的票据可以放心使用，提高了客户承兑或持有票据的市场接受度，也有效提升了客户的信誉。

（三）协助金融机构加大客户服务力度，加强银企合作

金融机构向客户提供票据账户主动管理服务功能，可以协助其客户防范伪假票据、加强结算账户管理，增强银企合作，从而进一步增加客户的黏性，以此为切入点为客户提供更优质的全方位服务。

供稿单位：上海票据交易所

执 笔 人：倪宏侃 柳士俊

合规为先守底线
风险为本促发展

2020年票据市场经营环境复杂多变，国内经济社会发展遭受新冠肺炎疫情冲击，在党中央坚强领导下，全国上下积极统筹疫情防控与经济发展，全年经济增长由负转正，货币政策由逆周期调节向常态化回归。同时，2020年票据市场制度建设稳步推进，创新产品不断涌现，金融监管持续趋严，票据市场面临的风险环境也出现了新的变化。在此背景下，农业银行积极顺应票据市场经营环境和风险环境变化，持续推进风险防控机制建设，有效提升风险管控能力。

一、2020年票据市场风险环境

（一）信用风险有所增大，市场信用体系不断完善

2020年，短期经济波动加大票据市场信用环境的不确定性，金融机构面临的信用风险有所增大。受疫情冲击，部分企业信用状况有所恶化，票据到期兑付风险加大，随着越来越多的企业通过票据、债券等多渠道融资，票据市场和债券市场信用风险联动增强，11月永煤债券违约事件波及整个金融市场。与此同时，部分金融机构的信用风险也继续显现，除传统银行外，近年来非银机构持续参与票据市场交易，相关信用风险值得关注，7月天安财险、国盛证券等九家非银机构因偿付能力、

信用危机等原因被监管部门依法接管，非银机构的信用风险不容忽视。整体来看，票据市场信用风险管理重心逐步从银行信用为主向银行、非银、企业信用并重转变。在信用风险有所增大的背景下，人民银行加强顶层设计，积极推进票据市场信用体系建设，规范商业汇票信息披露机制，票交所上线试运行商业汇票信息披露平台。信息披露机制的建立有助于规范参与主体行为，改善票据市场信用环境，降低市场主体信用风险管理难度。

（二）市场风险有所下降，票据资金利率联动趋同

2020年，票据市场利率受经济、政策、资金面等因素影响先降后升再降，但波动幅度同比收窄，市场风险整体有所下降。以一年期国股银票转贴现利率为例，年内波幅（以最高值和最低值的差值衡量）为105个基点，利率方差为0.007%，变异系数为0.099，均低于上年同期水平。2019年12月，票交所正式公布城商票据转贴现收益率曲线，有助于金融机构对城商票据合理估值定价和管控利率风险。随着票据市场、金融市场联动深化，票据回购交易快速发展，票据资金属性显著增强。2020年，票据回购交易量同比大幅增长64.9%，占票据交易业务比重同比提升7.4个百分点，隔夜回购品种利率与DR001相关系数为0.98，7天期回购品种利率与DR007相关系数为0.80，票据资金利率走势趋同，两者联动增强也对金融机构实时监控、防范市场风险提出了更高要求。

（三）操作风险亟待关注，制度系统建设双管齐下

2020年，票据市场操作风险有所抬头，主要表现形式包括：不法分子冒用其他企业名义签发承兑票据、恶意记载疑似金融机构名称作为票据业务主体、利用系统漏洞对未经银行承兑的票据发起保证申请等伪假票据风险；被代理机构身份的真实性和多重性等票据代理风险；提示付款申请、应答及拖延支付等提示付款风险。票交所针对上述风险隐患，先后发布《处置伪假票据操作规程》（票交所发〔2020〕22号）、《电子商业汇票业务代理管理规程》（票交所发〔2020〕49号）、《关于规范电子银行承兑汇票提示付款应答的通知》（票交所发〔2020〕131号），同步推动系统优化升级，有效防范操作风险。同时，人民银行和票交所引导创新产品稳健

发展，前瞻性防范操作风险，正式出台《标准化票据管理办法》（中国人民银行公告〔2020〕6号）、《标准化票据基础资产托管结算规则》（票交所公告〔2020〕3号）、票付通业务规则和业务申报接入规范等制度办法。

（四）合规风险压力增大，监管重点聚焦承兑贴现业务

2020年，监管部门继续加大票据市场监管力度，金融机构合规风险压力持续加大。政策制度方面，银保监会7月发布《关于开展银行业保险业市场乱象整治"回头看"工作的通知》（银保监发〔2020〕27号），继续整治银行（票据业务贸易背景尽职调查不到位、保证金来源不符合监管要求）、财务公司（开具无真实贸易背景的承兑汇票、违规通过票据业务为集团套取资金等）票据违规乱象。行政处罚方面，[1]2020年人民银行累计开出票据[2]罚单2 171张，处罚事由包括违反票据管理规定、违法承兑、承兑业务贸易背景不真实、未及时足额支付商票票款等；银保监系统累计开出票据[3]罚单211张，处罚事由包括票据业务贸易背景不真实、贷款（含贴现）资金回流至出票人、保证金来源不合规、票据业务未纳入统一授信、违规与"票据中介"开展票据交易、违规办理转贴现规避信贷规模管控等。从监管部门罚单情况看，票据承兑贴现市场成为监管部门重点关注领域。

二、2020年农业银行票据交易业务风控机制建设情况

2020年，面对复杂多变的票据市场环境，农业银行始终坚持"合规为先、风险为本、稳健发展"的票据业务经营理念，继续推进风险合规机制建设，提升风险防控能力，确保业务稳健经营。

（一）突出年度风险防控重点，完善制度建设

一是根据疫情变化情况，前瞻性研判经济走势及货币信贷政策导向，分析票据

---

[1] 数据来源于人民银行、银保监会官网，本文整理统计。
[2] 指支票、汇票、本票。
[3] 指商业汇票。

市场形势变化，深入研究业务各环节的潜在风险点，从市场风险、信用风险、操作风险和合规风险等方面进行风险识别分析，采取风险控制措施，针对性开展全面风险管理。二是做好交易场所备份与应急交易预案，加强业务连续性管理。为有效应对突发疫情、信息系统运营中断、配套设施故障等突发事件，通过交易场所备份、制定并定期演练应急交易预案等方式，不断提高应对突发事件的能力和水平。三是加强制度建设，规范票据业务开展。根据票据业务发展情况和监管要求持续对内部各项规章制度进行梳理评估，及时修订完善相关规章制度，夯实合规经营基础，保证业务开展有章可循。四是强化岗位制约，落实重要岗位轮岗和强制休假制度。严格按照前、中、后台分离原则进行经营管理，实现用户岗位分离的系统刚性控制。同时，持续做好员工岗位轮换和强制休假工作，严格落实重要岗位轮岗和强制休假制度。

（二）提升风险防控精细化水平，着重提高量化防控能力

农业银行不断优化定性和定量相结合的风险管理体系，开发覆盖信用风险、市场风险及操作风险的多个风险监测模型，实现了对风险情况的全方位监测。

信用风险方面。一是持续监测客户信用风险敞口，分析信用主体的集中度情况。二是根据交易对手和交易标的的信用资质进行差异化定价，灵活调整交易策略。三是定期开展信用风险压力测试，分析评估极端情况下票据资产损失。

市场风险方面。一是密切关注宏观形势、货币政策和票据市场的动态，监测、追踪市场利率走势，研判票据利率变动趋势。二是持续监测票据交易利率变动情况，保持业务成交利率与市场利率动态匹配。三是通过久期监测模型，灵活调整票据资产的期限配置，定期开展利率风险压力测试，测试极端利率变动对票据资产价值和业务经营的影响。

操作风险方面。一是持续梳理评估业务操作的主要风险点，定期监测操作风险指标，完善风险管控措施。二是组织开展各类专项治理和业务风险排查，持续保持案件防控高压态势，有针对性地扩大排查范围，突出排查重点。

（三）金融科技赋能风险管理，数字化转型助推风控体系升级

一是开展客户画像数据分析项目。以票据交易数据为基础，结合客户授信数

据、评级数据以及工商、财务、监管数据等外部数据，通过构建模型分析评估客户的信用风险、市场风险、流动性风险和操作风险情况，为选择合作客户、防控业务风险提供重要参考。

二是持续优化业务系统功能，提升系统稳定性和风险控制能力。农业银行根据自身业务发展情况，开展业务系统年度优化升级项目，完善系统功能，加强业务系统运维管理，有效提升交易系统的稳定性，保障票据交易业务平稳、高效开展。同时，持续梳理业务流程中的风险点，通过系统优化实现了对业务关键环节的刚性控制，在提高业务处理效率的同时，增强了线上化、智能化风险防控水平。

（四）坚持合规经营理念，培育合规管理文化

农业银行始终坚持合规经营理念，积极落实监管工作要求，持续推进合规文化建设，牢固树立"违规就是风险，安全就是效益"的合规理念，引导员工掌握自身行为规范，将合规规定内化于心、外化于行。

一是加强与监管部门沟通，落实各项监管工作要求。通过多种方式与监管部门沟通交流业务经营、风险合规管理等情况，配合监管部门做好相关调研工作，准确把握监管导向，严格落实各项监管工作要求。二是突出从严治行，加强合规文化建设。将清廉金融文化建设与党建、合规学习、案例剖析和警示教育、业务检查、员工行为排查等工作相结合，"三位一体"推进清廉文化建设，积极培育员工廉洁从业理念；开展国家安全教育日普法宣传活动，进行普法教育宣传，增强员工守法意识；开展员工制度学习、专题讲座、课题研究、业务培训、员工行为守则宣讲教育等活动，提升员工合规意识。

三、2021年票据市场风险形势与防控建议

（一）2021年票据市场风险形势展望

信用风险整体可控。从2021年经济形势来看，预计经济持续复苏并向潜在增速回归，实体企业经营效益、金融机构资产质量或将改善，票据业务的信用风险整体可控。同时，仍需密切关注部分公司治理存在缺陷、过度追求规模扩张的金融机构

的信用风险，一些行业企业发展易受政策调整影响，相应商业承兑汇票的信用风险也不容忽视。此外，票据市场回购业务量近年大幅增长，需要谨慎防范业务快速增长蕴含的信用风险。

市场风险有待关注。根据对2021年宏观经济形势和货币政策取向的研判，预计票据市场利率中枢同比上移，同时票据利率受多重因素影响波动幅度或将增大。在同业刚兑打破的背景下，金融机构信用和流动性分层现象仍将延续，票据信用资质的差异将实时反映到业务定价中，信用风险和市场风险交织或加大风险管理难度。同时，按照财政部新金融工具会计准则的实施安排，非上市银行将于2021年1月1日起执行新准则，票据价值变化将对损益、权益等指标产生一定影响，市场风险趋于明显。

操作风险不容忽视。随着票据市场持续建设，近年来操作风险大幅下降，但市场形势的不断变化也伴随着操作风险防控重心的调整。一是近年来商业承兑汇票的操作风险有所抬头，但随着2021年8月信息披露制度的正式施行，商业承兑汇票操作风险管理难度有望下降。二是票交所将逐步实现电票系统（ECDS）和中国票据交易系统融合，过渡阶段的操作风险管理将是风控工作的难点。三是鉴于2021年疫情防控的不确定性，业务连续性管理仍是金融机构操作风险管理重点。四是在金融机构加快标准化票据、供应链票据等创新产品落地推广的背景下，相关操作风险不容忽视。

合规风险形势严峻。中央政治局会议提出要抓好各种存量风险化解和增量风险防范，金融监管或维持高压态势。当前票据市场存在的业务乱象，如票据缺乏真实贸易背景、贴现资金回流出票人、保证金来源不合规等问题，仍将是未来监管关注的重点。

（二）相关风险防控建议

信用风险层面。根据机构风险偏好合理确定相关信用主体授信额度，加强金融机构、企业信用风险状况实时监测，动态调整业务准入标准，防范票据、债券信用风险的跨市场传导。加强内部系统与外部信用信息（如工商、税务、司法、票交所票据信息披露平台等）的交互，多维度提升风险管理效能。强化票据回购业务交易对手、票据质押品的信用资质筛选，管控回购业务信用风险。

市场风险层面。借助国股、城商票据转贴现收益率曲线开展票据估值，科学合理建立模型对其他信用等级票据进行估值，综合采用久期、基点价值、风险价值（VAR）等指标计量市场风险。同时注重研判价格走势，合理把握交易时机，灵活调整期限结构和信用主体结构，适时开展压力测试。

操作风险层面。一是加强内部系统的商票业务信息与票交所信息披露平台的数据交互核对，防范伪假票据风险。二是按照票交所电票系统（ECDS）与中国票据交易系统融合工作进度安排，积极推动内部系统优化升级，确保系统平稳上线。三是完善业务连续性管理，平衡好业务发展与疫情防控。四是做好标准化票据、供应链票据创新业务的操作风险识别分析，稳妥管控业务操作风险。

合规风险层面。密切关注票据市场监管政策，准确把握政策导向，加强与监管部门的沟通，持续完善内部制度、流程和系统，有效贯彻落实监管要求；增强合规经营意识，强化合规管理理念，加强监管处罚案例的学习培训，持续培育合规文化。

供稿单位：中国农业银行

执 笔 人：邓权全 凌 典 杨 琨 谈 韵

中小商业银行
票据业务风险成因及管控举措

近年来，票据业务经营风险呈现出新的变化和趋势，操作风险问题时有发生，信用风险刚兑打破，市场利率风险逐渐增大，声誉风险和流动性风险也越来越复杂。商业银行在经营票据业务的同时，对票据风险的管控也越发重要。2020年以来，在新冠肺炎疫情等外部不确定因素影响下，票据风险表现更加复杂。江苏常熟农村商业银行股份有限公司（以下简称常熟农商银行）始终牢记票据业务本源，在做大做强票据业务、服务实体企业的同时，以高标准、严要求严守票据业务风险底线。

一、票据违规处罚情况分析

常熟农商银行拥有自己建设的风险合规处罚数据库——"飞燕合规智库"。根据合规智库数据库中2015年至2019年监管处罚信息，可以发现涉及票据业务的处罚共298条，主要问题类型包括办理无真实贸易背景银行承兑汇票业务，贷款资金回流转存银行承兑汇票保证金，票据贴现资金回流出票人，与票据中介合作开展贴现业务，违规帮助他行代持票据，向监管部门的报告不真实、不及时、不全面；会计处理不合规、会计核算不规范等。其中，无真实贸易背景处罚最多，合计133条，占比

195

44.63%；其次是贴现资金流向问题，合计65条，占比21.81%。

当前票据业务尤其是中小商业银行票据业务风险管理薄弱环节可以归纳为以下五类：一是业务管理类，如同业户、业务专营问题；二是承兑类，如贸易背景审查不严、资料不合规等；三是贴现资金违规使用类，如贴现资金用来归还贷款、回流出票人、用作承兑保证金等；四是转贴现交易类，如清单交易、违规代持和调节信贷规模等；五是会计核算类，如未按要求计提资本和拨备等。

二、票据业务风险成因分析

（一）意识薄弱，风险控制机制不健全

1.票据业务运行体制不健全。票据业务从承兑、贴现、转贴现再到再贴现，涉及的部门众多，在中小商业银行中，票据业务有的纳入公司业务，有的纳入同业业务，更多的则是职责分散在行内不同部门条线，导致票据业务运行体制不畅，无法做到单独风险管理。

2.票据业务考核不合理。票据业务可以获得手续费、保证金，还能获取利息收入，灵活调节信贷规模，各家机构都有意愿通过做大票据业务来提升自身经营业绩，但风险管理制度办法没有跟上业务的扩张，考核重发展轻风控。

3.内控管理制度不到位。票交所成立后，电票已经成为主流，假票风险大幅降低。但是2020年中国支付清算协会《票据市场风险案例》披露，部分金融机构网银系统存在问题，一些企业可以将商票伪装成银票，给市场造成不良影响。另外，限于中小商业银行人员规模等因素，职责分离等内控制度也大多流于形式。

（二）经营同质，业务运行模式不灵活

票据业务经营模式相对单一，创新能力不足。各家商业银行票据的传统业务模式相似，在市场逐渐透明的背景下，承兑、贴现、转贴现业务都非常相似，多数商业银行的业务还停留在票据业务的初级阶段。在业绩考核和利益驱动之下，可能会出现信用下沉，甚至滚动承兑、滚动贴现现象，虚增信贷泡沫，增加风险隐患。

（三）竞争激烈，市场风险研判较困难

1.中小商业银行票据人员普遍数量不足，难以形成分工明确的专业化团队，更多关注具体业务的完成，对于投研缺乏意识和技术。

2.票据市场仍然以银行类金融机构参与为主，风险偏好趋同，在一些关键时点和重大事件出现的时候，往往形成同向交易趋势，进而导致价格剧烈波动，对于没有投研能力的中小商业银行来说，容易造成较大损失。

3.市场透明度逐渐提升，对人民银行公布的社会融资、公开市场操作、信贷投放信息，票交所公布的各类统计数据需要进行关注、分析，增强对未来利率走势的预判能力。

三、票据业务风险防控措施

风险管理一般包括以下四个步骤：风险识别、风险分析、风险应对和风险监控。风险管理的目标是在风险事件发生前，通过各种方法系统地、连续地识别可能面临的风险，进而分析风险发生的原因，采取措施降低或者避免损失，风险处置完成之后能够对风险仔细分析，避免再次出现相同或者相似的风险，最后还要能够对风险事件进行监控，以便积极应对。从票据业务风险管控出发，常熟农商银行结合自身实践，提出以下四个应对措施。

（一）建立制度，强化员工风险意识

风险意识是企业文化的重要组成部分，是商业银行日趋成熟的重要表现。常熟农商银行重视风险意识的培养，坚持审慎经营原则，将票据相关业务纳入全面风险管理体系，由上至下将风控措施落实于每项业务。

1.加大宣导力度。兼顾市场发展和监管要求，针对问题频出的贸易背景和贴现资金回流问题，通过支行宣讲、系统管控多措并举，从问题出发，通过案例解析、风险预警、日常检查等手段不断为一线业务人员注入合规理念。比如，2020年，常熟农商银行组织分支机构票据业务线上线下推动会74次，每次推动会均向客户经理宣传票据业务风险知识和票据业务风险制度。

2.健全制度体系。2017年以来，常熟农商银行梳理制定票据业务相关管理制度17项，修订34次，逐步形成了一套横向涵盖纸质及电子票据品种、贴现和转贴现等各项产品及模式，纵向囊括业务操作流程、业务审批标准、授信管理规定、系统操作要求等多维管理层面的网格化制度管理体系，同时对已经发布的制度结合业务的变化和发展，及时修订、完善和废止，做到内部制度的全生命周期管理，为各项业务开展提供明确标准及操作依据，为实现流程控制、合规操作提供理论基础。比如，2020年7月人民银行正式公布《标准化票据管理办法》，常熟农商银行厘清风险点，确定经营模式，推动制定标准化票据制度办法，并通过行内风险、法规、授信等相关部门评审，制度先行于业务；同时，管理办法和操作规程相互配套，前者偏向于明确职责主体、跨部门协作，后者更面向业务人员，提高制度的可操作性，明确涉及的岗位和对应的职责，覆盖票据业务开展中各个操作环节、流程、步骤等。

3.强化道德教育。常熟农商银行高度重视员工思想教育，在打造业务素质过硬的队伍的同时，强化内控措施，防范风险。岗位职责相互分离，前台交易、中台风控、后台清算独立运行，中台和后台对前台交易实施有效监控，风控人员要求做到源于业务、高于业务，有效前置风险管理端口，实施风险内嵌式管理，通过内控制度设计有效防范风险。

（二）精细复盘，深度解析风险事件

随着票据业务的快速发展，新政策、新业务、新产品、新模式、新流程不断出现，这些变化可能会带来新的风险。常熟农商银行主动与监管部门密切沟通，深入理解政策的意图和执行尺度，梳理和完善票据业务操作中的风险易发环节，将部门梳理、风险合规部门检查等结合起来，及时分析各类风险事件，形成知识库、控制规则等融入业务发展。

1.监管风险处罚分析。密切关注票据相关的监管处罚、风险提示事件，吃透监管部门政策意图，对照自身业务制度、流程和风险控制措施，引以为戒。比如，常熟农商银行明确贴现资金流向股市、房市等属于违规行为，通过监管处罚梳理，将其固化进业务系统；常熟农商银行"飞燕合规智库"定期收集和整理监

管部门处罚信息，涵盖票据业务各类风险问题，并定期撰写分析报告下发至业务部门。

2.行业风险事件。积极参加票交所票据市场风险监测例会，关注票据行业潜在风险事件和动态，关注部分行业协会编撰发布的票据业务相关风险案例汇编、风险提示等，通过内部研究、跨部门交流等形式，将其列举的具体事项、检查方法放入内部检查程序，对其成因和措施进行积极分析研究。比如，票交所发布"代签""代理接入"风险通知，常熟农商银行立即梳理对照自身风险偏好，在转贴现交易业务中设置系统控制提示。

3.自身精细复盘。针对票据业务开展经常性排查，一旦发现或者出现风险事件隐患，立即进行处置，将风险事件的影响降到最低程度，并研究风险事件的起因、发展、处置过程，通过风险提示、引入系统控制等手段杜绝类似风险重复发生。

（三）积极应对，降低化解风险影响

从制度设计、系统设置、风险检查等多个角度采取措施，动态进行风险控制优化和调整，做到票据业务风险全流程精细化管控，确保零风险。

1.动态制度设计。2020年，常熟农商银行更新金融同业交易对手统一管理办法，将交易对手区分为授信客户名单、合作客户名单及限制客户名单。其中，授信客户名单为授信审批准入机构；合作客户名单是经备案准许交易的机构；限制客户名单是指限制业务种类、方向或者限额的名单，包含不开展任何业务的黑名单。办法明确对所有交易对手实施动态管理，当经营数据或风险指标出现异常变化，或出现其他风险预警信息、负面舆情时，应按照准入流程及时移出，并同步更新至票据管理系统，切实从制度层面规范交易对手及交易对手业务种类、额度等。

2.细化系统设置。一是细化审批控制模块。票据系统增设业务审批权限管理模块，不仅能控制审批金额，也能对审批时效等其他管理类要素进行精细化管理与控制。二是系统动态监测票据业务单一客户集中度指标，对监测指标接近监管限额的承兑行，风控人员及时反馈限额等指标给业务人员，并在业务过程中严格控制，防范业务集中度风险。

3.严格风险检查。直贴业务中严格规范贴现利率优惠授权，对于利率优惠笔笔留档，并注明原因；转贴现业务记录每日市场状况及交易情况，细化交易留痕管理，并对与交易对手洽谈业务的聊天记录进行截屏留档。另外，严格监控利率偏离度提醒机制，基于票交所公布的收益率曲线在票据系统增加票据转贴现交易利率偏离度风险预警功能，对超过限额指标的交易进行风险预警，且后台风控人员及风险部相关人员都可收到票据系统内的预警提示，以便于事中事后监督。风控人员还及时测算准入承兑机构大额风险暴露情况，对接近大额风险暴露上限的机构及时进行提示，提前做好贴现、转贴现业务安排，确保业务正常开展。

（四）系统优化，实时预警风险提示

常熟农商银行对已知风险进行梳理、排查，通过跨部门协作，对业务系统风险控制环节再设计、流程再优化，实现风险的智能化控制。

1.实时监控。针对额度监控、业务流程变更等事项进行实时监控，比如票据业务对接同业系统实时监控和分类管控承兑授信额度，实时扣减承兑额度，实时阻断承兑限制准入名单中的票据；对于同一日同一交易对手累计交易超过一定金额的，进行实时监控，并自动按照制度将审批流程发送至相关有权人。

2.风险预警。针对可能存在一定风险的，及时进行风险预警提示，比如通过系统优化实现贴现资金流向监控功能。目前柜面系统已实现对票据贴现后五日内的贴现资金直接存保证金的风险提示功能；信贷系统已实现对票据贴现后五日内的贴现资金直接归还贷款的风险提示功能；转贴业务中，清算方式为非人行清算账户的客户，首次交易超过或非首次交易当日累计超过一定金额时，也进行风险预警提示。

3.自动拦截。针对监管关注的热点问题、处罚案例等，以及超权限、超限额等不符合风险政策的行为直接拦截，比如针对企业贴现资金回流前手的违规问题，系统已实现对票据贴现后五日内的贴现资金直接回流至贴现申请人前手的自动拦截功能。

票据是直接对接实体经济和金融市场的支付结算和融资工具，中小商业银行有足够的动力去发展票据业务。一方面，在经营票据业务中，要突出服务实体经济和"支农支小"的定位，结合自身资源条件，逐步建立可持续提升的风险管理架构、

产品体系及风控措施。另一方面，在管理理念、市场研判能力、系统管控水平、人才储备等方面要持续着力，明确自身定位，制定符合自身特点的票据业务发展目标，积极在风险管控与业务发展之间取得平衡，在风险可控的前提下，发展票据业务，助力实体经济发展。

供稿单位：常熟农商银行

执 笔 人：杜江帆　冷　瑞

产融结合　以融促产　构建产业链场景下财务公司票据风险防控机制

票据作为具有"支付和融资"双重属性的基础金融工具，在汽车产业链各环节流通过程中，得到了下游经销商、核心主机厂、上游供应商等各类角色的广泛认可和使用。在日常交易结算过程中，票据结算规模占全部产业链结算总量的50%以上。如果说支付结算服务是全产业链健康发展的血管，那么基于产业链场景下的票据服务就是流淌在血管中的血液，为各主体源源不断地注入活力。票交所的成立保障了票据业务的合规开展，推动了票据市场的有序发展。企业集团财务公司作为产业金融的代表，不断开展票据产品创新，提升自身风险控制能力，为所属集团提供专业化的金融服务支持，行业整体票据交易规模逐年攀升。一汽财务有限公司（以下简称一汽财司）作为1987年首批成立的企业集团财务公司之一，多年来紧紧围绕产业链客户群，深耕产业链金融场景，在产业链票据服务实践过程中，形成了一套与自身产业链模式相融合、具有一汽财司特色的票据风险防控机制。

一、业务体系：肩负集团使命，着力票据产品创新

（一）服务一汽集团产业链，构建财务公司票据服务品牌

一汽财司是一汽集团旗下第一家非银行金融机构，公司始终以"依托集团，服

务集团"为宗旨，不断强化金融服务功能，提高金融服务水平，为一汽集团战略目标的实现提供金融服务保障。

作为产融结合的行业实践，一汽财司在集团内兼具"金融与产业"的双重身份，同时承担着金融产品服务及集团司库服务管理两方面职责。票据业务作为公司重要的产品线，在业务开展过程中，一汽财司一方面发挥金融牌照服务职能，直接参与票据市场交易，为一汽集团产业链客户提供票据承兑、贴现、质押、托管、托收等全功能票据服务；另一方面根据一汽集团业务特色，设计个性化票据管理功能，满足一汽集团票据管理需求，支撑一汽集团近万亿元的票据流转。同时，一汽财司持续发挥财务公司集团内部司库服务职能，关注票据市场发展，及时针对新时期票据业务风险，向各集团成员单位发出票据风险提示和流程优化建议，配合集团进行票据风险事件处置，充当集团成员单位票据业务服务顾问及风险防火墙角色。

（二）围绕一汽产业链客户群，打造全链条票据业务产品线

根据《企业集团财务公司管理办法》以及银保监会关于公司经营范围的相关要求，一汽财司紧紧围绕一汽产业链客户群，开展面向集团成员单位、经销商以及金融同业的票据业务，在产品创新、营销推广、同业协作等方面多措并举，打造全链条票据业务产品线（见图4-1）。2020年度，一汽集团各成员单位通过财司票据平台完成整体票据业务量（含承兑、签收、背书、贴现、托收、转贴现、再贴现等）

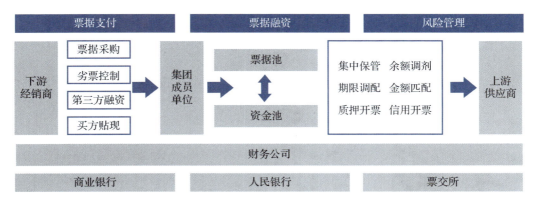

图4-1　一汽财务公司票据业务产品线

52.63万笔，同比增长27%；交易金额7 972亿元，同比增长14%。其中，一汽财司票据承兑1.77万笔，金额160.69亿元。票据贴现11.33亿元，票据转贴现1.18亿元，票据再贴现4.61亿元。

1. 集团票据池业务：定制化票据管家服务。从1998年开始首单纸票贴现，到2007年纸票代保管场景落地，从2010年开展首笔电子票据承兑业务，到2016年提供集团票据集中管理模式支持，一汽财司始终按照集团票据管控要求，以服务成员单位为本，持续完善各类票据交易服务功能，定制化地设计了票据财企直联、一键开票、自动签收、预约开票、在线承兑、在线贴现、票据计划管理、票据线上核对等个性化服务功能，各成员单位可通过财司综合票据平台落实票据管理要求，体验财务公司提供的定制化票据管家服务。

2. 经销商票据业务：全线上闭环票据管理。根据汽车行业销售特点，一汽财司与集团主机厂销售公司实现系统对接。将票据金融服务嵌入厂家车辆销售场景，以车辆销售订单为载体，以销售车辆为标的物，实时跟踪销售车辆的库存情况，做到物流、信息流、资金流三流合一（见图4-2），打造线上经销商票据服务平台，实现经销商采购申请、主机厂车辆信息推送、票据签发、主机厂发车、库存车辆盘点管理、经销商车辆销售回款监控、到期票据兑付等各环节的全线上闭环管理，在满足

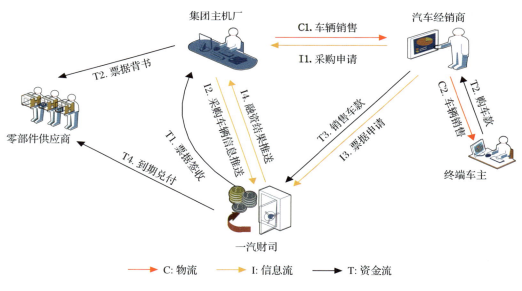

图4-2　资金闭环经销商票据模式

经销商融资需求的同时，最大化控制票据业务风险。

3.同业票据业务：促财司票据流转流通。为有效缓解上游供应商融资难融资贵问题，提升财务公司承兑票据的市场认可度，一汽财司积极与各金融机构合作，通过电票互认、票据保贴、转贴现买入、再贴现等多种交易形式，提高财务公司票据流转效率。通过持续打造行业票据联盟，与25家金融机构实现财票保贴合作，通过银行保贴及贴现引流的方式，帮助上游供应商实现票据贴现降本增效。

二、风险表现：关注监管及行业动向，识别新时期票据业务风险

为了促进票据市场健康有序发展，引导票据业务回归本源，近年来，无论在行业监管环境层面，还是在票交所金融基础设施层面，以及各票据市场参与者自身体系建设层面，各方均采取有效措施，强化票据风险控制，防范票据市场的业务风险，一定程度上降低了票据风险发生的概率。但随着票据业务的不断做大做新，与业务发展相伴随的是票据风险事件仍偶有发生，需要持续加强风险防控机制建设。新时期票据风险主要表现在以下几个方面：

（一）内控管理机制失灵，票据到期兑付违约

一方面，部分金融机构治理机制不完善、内控管理不严格，在没有审核真实贸易背景的前提下，通过相互对开、滚动开票等手段，违规为出票人扩大票据授信，超过出票人实际兑付能力，突破金融机构票据承兑比例限额。另一方面，部分金融机构缺乏有效的流动性管理机制，导致在经营过程中无法快速应对市场波动，发生风险事件后不能及时化解，引起金融机构内部风险传递，发生票据到期无法正常履约兑付的信用风险。

（二）违规客户准入审核，盗用信息虚假承兑

随着票据电子化的全面推广使用，以往纸票场景下存在的变造票、伪造票、克隆票等假票行为得到有效遏制，但仍有不法分子利用金融机构的"漏洞"，出具"伪假"票据，以企业名义开立虚假"商业承兑汇票"，给持票人造成经

济损失。

（三）信息系统控制不严，票据规则理解不清

由于金融机构的信息系统逻辑控制不严，以及部分票据市场参与者对票据规则理解不清，不法分子利用相关漏洞进行票据诈骗。如利用金融机构系统控制漏洞，将承兑人名称改成"××银行"，将"真商票"伪造成"假银票"在市场流通。又如不法分子利用票据签收人不了解票据规则的情况，恶意引导签收人进行"保证签收"替代"背书签收"操作，造成实际票据签收人经济损失。

综上所述，回溯各类风险案例，无论是操作风险、信息系统风险，还是信用风险、流动性风险，各金融机构作为电票业务的"第一道防线"，均有机会将类似风险事件扼杀于萌芽，如何建立有效的票据风险防控机制，值得各票据市场参与机构深思。

三、应对机制："五强化五严控"十项举措，筑牢票据风险防控体系

一汽财司长期秉承"诚信、高效、稳健、创新、融合"的经营理念，在票据业务开展过程中，严守合规经营底线，识别业务风险实质，严格执行"五强化五严控"十项关键风险控制举措，战略层面"强化监管政策落实，强化制度流程建设，强化司库服务责任，强化厂系平台对接，强化信息科技保障"，战术层面"严控票据资金计划，严控合作客户准入，严控业务授信规模，严控贸易背景审查，严控业务监督检查"，不断提升自身风险防控能力。

（一）强化监管政策落实，保障外规有效内化

作为非银行业金融机构，一汽财司始终严守合规底线，针对监管机构出台的各类政策及指导文件，均在第一时间响应，组织归口部门对照解读学习，从监管规则出发，全面审视评估财司业务流程，及时根据外规要求细化成内部制度，保证票据业务"依法开展，依章做事"。同时，定期跟踪票据市场行业动向及同业风险提示案例，盘点检查本单位业务情况，结合同业的经验教训，不断优化完善一汽财司的

内部管理机制。

（二）强化制度流程建设，打造财司风控文化

一汽财司始终以"制度流程先行，塑造风控文化"为业务开展前提，公司制定了《电子商业汇票业务管理办法》《资金计划管理办法》《信息安全管理办法》等一系列票据业务的管理制度体系，并将票据业务管理纳入公司统一的流动性管理、授信业务管理、信息科技管理体系。各类票据业务办理前均需经过严格的业务风险分析论证，同时，基于票据全生命周期业务特点及交易对手情况，制度业务规程，明确规定各类票据业务的处理流程和组织分工，并通过跨部门跨岗位职责细化，保证前中后台的有效分离，实现相互制衡的内控管理要求，确保票据业务的有序开展。

（三）强化司库服务责任，构建集团票据防火墙

作为集团财务公司，一汽财司始终牢记自身在集团司库管理过程中的职责使命，发挥集团票据防火墙的功能，防范集团各成员单位出现票据风险。在账户管理层面，严格执行账户开户审批制，按月向集团财务部门进行备案管理。在计划管理层面，提供线上资金管控平台，各成员单位按照集团资金计划管理要求，按月上报票据使用计划，保证成员单位日常流动性管理。在风险事件预警及处置层面，一汽财司持续关注票据市场动向，第一时间同步提示行业信息，从证照管理、账户管理、票据业务流程、风险预警处置等多个维度，提供专业优化建议，并根据集团要求参与相关银行的票据风险事件处置。

（四）强化厂系平台对接，嵌入企业业务流程

为了持续提升集团各成员单位的资金管理效能，降低集团整体的票据风险，一汽财司通过系统直连、平台服务等多种方式，将财司票据处理流程与企业产业链业务流程相整合，实现企业内部管理与财司票据金融服务的无缝衔接。通过对接销售公司经销商系统，实现线上车辆及票据信息交互，保证交易真实性，提高企业入账效率；通过建立财企直连系统，实现企业ERP系统与财司票据系统的直连，实时推送票据状

态信息，简化企业操作流程；通过构建集团资金计划管控平台，实现母公司对子公司的整体票据额度管控及票据黑名单管理，实现集团内统一票据风险控制。

（五）强化信息科技保障，系统固化风控规则

一汽财司票据业务的做大做强，票据风险的有效控制，都离不开信息科技的支撑保障。一汽财司结合自身业务特色，整合金融机构需求下的票据场景和集团管控需求下的票据场景，建设完成了一套具有自主知识产权的综合票据业务系统，系统覆盖了票据交易流程、企业授信用信、票据贷后管理等各业务环节，实现了票据业务处理及风险控制的全面系统化。在系统设计过程中，一汽财司有意识地将业务关键控制规则固化在各个操作功能点中，通过系统控制防范操作风险，建立日清日结检查清单，执行异常交易风险识别机制，确保交易当日处理完毕；通过提供票据交易对手黑白名单管理、风险票据预警提示、票据到期兑付微信提醒、票据计划额度管控等一系列风险管理功能，人工控制与机器控制相结合，有效规避操作风险。

（六）严控票据资金计划，保障兑付资金头寸

一汽财司始终将流动性管理作为公司运营的生命线，严格监控日常票据资金头寸情况，确保财务公司及成员企业均能按要求完成票据兑付。通过建立实施年、季、月、周、日多频率资金计划管理，充分考虑票据业务投放及到期情况，前瞻性预判公司资金量情况，分析判断流动性储备，有效计量、监测和研判不同时间段的现金流缺口，保证日间资金头寸的充足稳定；通过按日管理各账户资金，按月监测流动性风险指标，开展流动性缺口分析，适时发布预警和风险提示，识别流动性风险；通过按季开展流动性压力测试，综合业务状况和压力测试结果，制订有效的流动性风险应急计划，实施有效的风险缓释措施；通过持续跟踪出票人经营情况、财务情况等变动情况，测算和评估其到期支付能力，使用多种渠道进行到期票据资金回流跟踪及票据解付提醒，防范客户垫款风险，确保票据到期及时兑付。

（七）严控合作客户准入，多级审核客户资质

在票据业务开展过程中，一汽财司严格进行客户准入管理和客户资质审核，将

业务风险拦截在业务合作之前。相比商业银行，财务公司服务客户群固定，结合自身业务特点，一汽财司在客户账户开立及协议签约签署过程中，增加了客户身份识别的重要环节，严格执行客户身份核实机制。成员单位开立账户，需提供相关股东投资持股比例证明，识别验证其一汽集团下属成员单位身份后，方可办理业务。经销商业务准入，需提供销售公司业务推荐申请书，识别验证其合作经销商身份后，方可办理业务。同时，通过账户开户资料严格审核、经办人身份识别、多级复核控制等多种机制，有效规避企业内部人员作案风险。

（八）严控业务授信规模，防范票据信用风险

一汽财司严格将票据业务中涉及表内外授信的业务，如银票承兑、贴现、转贴现等纳入授信管理体系，遵循"统一授信"和"贷款三查"原则，严格遵循贷前调查、审查审批、授信实施、贷后管理的授信管理全流程。一方面，实时跟踪自身票据担保比例情况，确保在公司总体承兑规模控制下开展票据承兑业务。另一方面，将承兑业务纳入出票企业授信管理，对出票人的经营情况、财务情况、现金流情况、违法违规情况等各维度进行全面考察，结合计量模型和专业评审，对其偿债能力、信用等级等因素进行综合评价，实现客户承兑业务的授信额度核定，系统严格控制客户各时点余额不高于该业务对应的授信额度。

（九）严控贸易背景审查，确保业务合规办理

在日常业务办理过程中，一汽财司严格审查基于客户及其交易对手之间的商品交易材料，核实票据业务贸易背景真实性。针对集团成员单位承兑业务，要求集团成员单位提供相关合同及发票信息，财务公司通过直连发票查验平台，线上进行发票真伪查验。针对经销商票据业务，严格基于主机厂的采购合同，系统控制收票人为厂家销售公司，同时通过系统直连方式，获取票据对应的车辆信息，实时跟踪库存车辆售出情况，监控售出车辆及时回款至财务公司账户，保证经销商票据按时兑付。

（十）严控业务监督检查，规范票据业务运营

在按照相关制度流程规范业务操作的同时，一汽财司也建立了配套的业务监

督检查机制，形成了票据业务自查、检查、审计的三道风险防线。首先，部门内设置业务检查专岗，建立监督检查管理系统，定期对所办理的票据业务进行档案、凭证、交易的业务自查。其次，根据相关风险管理要求，将票据业务纳入公司整体操作风险及内控评价检查范围，定期组织开展专项检查。最后，通过审计部门持续开展基于票据业务的审计工作，将票据业务检查和审计纳入常态化管理，规范票据业务运营，确保内控制度和监管要求落实到位。

票据兼具支付、结算、信用、融资、投资、政策工具等多种功能，与产业链场景具有天然的适配性，在产业链交易过程中得到了广泛应用。而企业集团财务公司作为票据市场不容忽视的一股力量，比传统金融机构更贴近、更了解产业，理应承担起"产融结合，以融促产"的历史使命。各财务公司应站在集团产业金融持续发展视角，进行整体布局，严格按照人民银行及银保监会的监管要求，遵守票交所的票据业务规则，提高自身票据风险防控体系能力，打造财务公司票据业务核心竞争力，为产业金融的健康发展和为票据市场的健康发展贡献自身力量。

供稿单位：一汽财务有限公司
执 笔 人：吕晓辉　高天宁　赵　萌　祁　瑞

附录一
2020年票据市场大事记

1月16日，票据信息披露平台上线试运行。

2月26日，中国人民银行发布《关于加大再贷款、再贴现支持力度促进有序复工复产的通知》（银发〔2020〕53号），增加再贷款、再贴现专用额度5 000亿元。

2月27日，上海票据交易所发布《上海票据交易所处置伪假票据操作规程》（票交所发〔2020〕22号），明确金融机构在发现伪假票据后的报告、处置要求及责任。

4月，上海票据交易所发布《中国票据市场发展报告（2019）》。

4月9日，为进一步推进电子商业承兑汇票在长三角地区的应用，中国人民银行杭州中心支行、上海分行、南京分行、合肥中心支行联合发布《长三角地区电子商业承兑汇票推广应用工作方案》（杭银发〔2020〕58号）。

4月16日，上海票据交易所发布《电子商业汇票业务代理管理规程》（票交所发〔2020〕49号），明确电票业务代理的新增、变更、退出和日常管理等工作，规范电子商业汇票业务代理行为。

4月17日，中国人民银行发布《关于增加再贷款再贴现额度支持中小银行加大涉农、小微企业和民营企业信贷投放的通知》（银发〔2020〕93号），增加再贷款再贴现额度1万亿元。

4月24日，供应链票据平台成功试运行。

5—12月，中国票据研究中心开展重点课题研究，为票据市场制度建设提供研究支持。

5月15日，上海票据交易所发布《上海票据交易所关于进一步明确贴现通业务办理有关事项的通知》（票交所发〔2020〕68号），明确贴现申请人资质审核、资金流向监控、履约规则、发票管理等事项。

6月1日，《上海票据交易所系统接入指引（2020年版）》（票交所公告〔2020〕1号）正式施行，统筹整合了各项系统接入制度文件，明确系统接入材料要求和上海票据交易所处理时限。

6月18日，首批供应链票据贴现业务成功落地，9家企业通过供应链票据贴现融资10笔、金额506.81万元，贴现利率为2.85%~3.8%。

6月18日，上海票据交易所发布《上海票据交易所集中接入技术服务机构申报指引（暂行）》（票交所发〔2020〕76号），规范集中接入技术服务机构审核要求和工作流程。

6月24日，中国人民银行发布2020年第6号公告《标准化票据管理办法》。

6月29日至8月14日，上海票据交易所成功举办票据云学堂——"上海票据交易所业务全接触"宣讲直播系列活动，直播观看超过13 000人次，有效扩大业务宣传推广范围，加强与市场机构的沟通联系。

7月1日，中国人民银行下调再贴现利率0.25个百分点至2%，时隔十年首次调整再贴现利率。

7月5日，国务院常务会议通过《保障中小企业款项支付条例》（中华人民共和国国务院令第728号），对机关、事业单位和大型企业使用商业汇票支付中小企业款项作出相关安排。

7月28日，《标准化票据管理办法》开始实施；上海票据交易所会同中国外汇交易中心、上海清算所发布《标准化票据信息披露规则》（票交所公告〔2020〕2号），并发布《标准化票据基础资产托管结算规则》（票交所公告〔2020〕3号）。

7月30日，《标准化票据管理办法》正式实施后的首批14单标准化票据创设成功，创设规模12.13亿元。

8月18日，上海票据交易所发布《"票付通"业务规则（暂行）》和《"票付通"业务申报接入规范（暂行）》（票交所发〔2020〕106号），"票付通"业务进入全面推广阶段。

8月22日，中国票据交易系统完成升级，新增供应链票据贴现和承兑保证功能。

8月25日，上海票据交易所与中国银行保险监督管理委员会签署《数据信息共享机制协议书》，建立数据信息共享机制。

8月26日，上海票据交易所发布《供应链票据应急贴现管理规程（暂行）》（票交所发〔2020〕110号），保障供应链票据贴现业务顺利开展。

9月16日，上海票据交易所在长三角地区票据服务实体经济宣介会上与7家金融机构和8家B2B平台签订"票付通"业务框架合作协议，进一步扩大业务合作的深度与广度。

9月22日，中国人民银行等八部门联合发布《关于规范发展供应链金融　支持供应链产业链稳定循环和优化升级的意见》（银发〔2020〕226号）。

9月22日，上海票据交易所与上海证券交易所签署合作备忘录。

9月24日，上海票据交易所纸电票据交易融合项目、票据贴现通业务系统项目荣获2019年度银行科技发展奖二等奖，线上票据支付系统项目荣获三等奖。

10月6日，中国票据交易系统完成升级，新增供应链票据存托、票号映射、转贴现、到期处理、线上清算、托管账务功能，基本实现供应链票据业务全生命周期功能。

10月16日，中国民生银行广州分行与简单汇信息科技（广州）有限公司合作开展全国首单供应链票据线上贴现业务。

10月23日，上海票据交易所发布《上海票据交易所关于规范电子银行承兑汇票提示付款应答的通知》（票交所发〔2020〕131号），明确银票承兑人限期未应答视同拒付，进一步规范电子银票提示付款应答处理，维护票据市场结算秩序。

10月27日，上海票据交易所与福建省人民政府在上海签署战略合作备忘录，加强双方在业务推广、业务试点、信息共享、课题研究、人员交流等方面的合作。

10月30日，上海票据交易所发布《关于开通票据账户主动管理服务的通知》

（票交所发〔2020〕143号），于11月2日开通票据账户主动管理服务功能，助力企业防范被冒名开立虚假电票账户风险。

11月3日，由中国人民银行指导、上海票据交易所建设完成的跨境人民币贸易融资转让服务平台上线，一期产品为同业代付和福费廷转让，实现了跨境贸易融资转让市场的线上集中化处理。

11月23日，上海票据交易所票据贴现通项目、大数据智能化票据交易监测分析项目分别荣获上海金融创新一等奖、三等奖。

11月24日，会员接入平台正式在上海票据交易所官网上线，旨在便利会员单位通过线上平台提交各类接入申请，避免线下纸质材料邮寄传递，满足实时查询申请办理进度的需求。

11月28日，上海票据交易所组织实施2020年度第5批次"票付通"业务上线投产。

12月8日，中国票据研究中心举办"双循环新发展格局下票据市场发展"高峰论坛。

12月16日，江苏银行和南京银行开展全国首单供应链票据转贴现业务。

12月19日，中国票据交易系统完成升级，新增供应链票据再贴现、提示付款、信息推送、已贴现票据存托等功能。

12月23日，中国人民银行发布2020年第19号公告，规范商业承兑汇票信息披露有关事宜，自2021年8月1日起施行。

12月26日，上海票据交易所组织2020年第8批次财务公司ECDS线上清算上线投产。

12月30日，上海票据交易所发布2020年第4号公告《商业承兑汇票信息披露操作细则》，自2021年8月1日起施行。

附录二
票据市场统计资料

附表一　票据业务统计数据汇总

报告期限	累计签发商业汇票金额（万亿元）	同比增速（%）	期末商业汇票未到期金额（万亿元）	同比增速（%）	金融机构累计贴现（万亿元）	同比增速（%）	贴现余额（万亿元）	同比增速（%）	再贴现余额（亿元）
2000年第四季度	0.75	47.00	—	—	0.65	158.00	—	—	—
2001年第一季度	0.14	105.00	—	—	0.16	246.00	—	—	—
2001年第二季度	0.42	90.10	—	—	0.46	199.80	0.21	—	1 089.00
2001年第三季度	0.86	—	—	—	1.05	—	—	—	—
2001年第四季度	1.28	—	0.51	—	1.56	—	0.28	—	655.00
2002年第一季度	—	—	—	—	—	—	—	—	—
2002年第二季度	—	—	—	—	—	—	—	—	—
2002年第三季度	—	—	—	—	—	—	—	—	—
2002年第四季度	1.61	35.00	—	—	2.31	61.00	—	—	—
2003年第一季度	0.50	74.50	0.82	63.80	0.84	123.70	0.67	89.70	—
2003年第二季度	1.25	79.30	1.07	89.50	1.95	120.00	0.82	100.00	—

续表

报告期限	累计签发商业汇票金额（万亿元）	同比增速（%）	期末商业汇票未到期金额（万亿元）	同比增速（%）	金融机构累计贴现（万亿元）	同比增速（%）	贴现余额（万亿元）	同比增速（%）	再贴现余额（亿元）
2003年第三季度	1.48	78.70	1.09	87.20	2.34	110.00	0.83	96.70	—
2003年第四季度	2.77	72.20	1.28	73.50	4.44	91.00	0.89	69.70	—
2004年第一季度	0.74	47.80	1.30	57.20	1.02	20.20	0.97	50.10	—
2004年第二季度	1.60	29.00	1.36	27.10	2.20	14.90	1.08	17.60	—
2004年第三季度	2.45	23.00	1.42	16.00	3.25	67.00	0.95	—	52.00
2004年第四季度	3.40	22.00	1.50	17.00	4.50	4.00	1.00	26.00	33.00
2005年第一季度	0.95	21.00	1.55	20.00	1.35	29.00	1.12	18.00	23.00
2005年第二季度	2.08	30.00	1.69	25.00	2.98	36.00	1.20	15.00	12.55
2005年第三季度	3.21	31.00	2.07	46.00	4.74	41.00	1.32	38.00	6.50
2005年第四季度	4.45	30.10	1.96	32.00	6.75	43.30	1.38	35.00	2.39
2006年第一季度	1.38	35.00	2.34	51.00	2.28	68.00	1.93	72.00	1.35
2006年第二季度	2.71	30.25	2.34	38.56	4.44	48.75	1.73	44.65	5.59
2006年第三季度	4.01	24.88	2.22	6.86	6.46	36.31	1.76	13.50	21.37
2006年第四季度	5.43	22.00	2.21	12.80	8.49	25.80	1.72	6.70	18.20
2007年第一季度	1.40	3.40	2.30	−0.17	2.60	13.90	1.80	−6.60	9.40
2007年第二季度	2.90	8.60	2.50	7.40	5.20	16.60	1.80	−11.10	49.10
2007年第三季度	4.50	11.10	2.60	16.50	8.00	23.70	1.60	−10.40	56.10
2007年第四季度	5.87	8.13	2.44	10.36	10.11	19.07	1.28	−25.61	57.43
2008年第一季度	1.50	5.30	2.50	7.30	2.90	11.60	1.20	−33.40	36.30
2008年第二季度	3.40	14.20	2.90	15.30	5.80	12.30	1.30	−26.30	51.10
2008年第三季度	5.10	14.90	3.10	19.00	9.50	18.50	1.40	−8.50	44.00
2008年第四季度	7.10	20.70	3.20	30.90	13.50	33.60	1.90	50.40	—
2009年第一季度	3.00	80.90	4.50	80.10	6.20	107.70	3.10	130.30	6.70
2009年第二季度	5.40	72.00	5.00	74.00	12.80	134.00	3.60	182.00	8.90

续表

报告期限	累计签发商业汇票金额（万亿元）	同比增速（%）	期末商业汇票未到期金额（万亿元）	同比增速（%）	金融机构累计贴现（万亿元）	同比增速（%）	贴现余额（万亿元）	同比增速（%）	再贴现余额（亿元）
2009年第三季度	7.80	53.00	4.30	41.00	18.10	90.00	2.80	95.00	87.70
2009年第四季度	10.30	45.00	4.10	29.40	23.20	71.40	2.40	23.70	181.20
2010年第一季度	2.80	−6.90	4.40	−1.50	6.20	−0.30	1.80	−48.30	263.00
2010年第二季度	5.50	1.60	4.70	−6.30	12.10	−4.60	1.70	−52.30	473.10
2010年第三季度	8.60	10.30	5.00	16.30	18.10	0.00	1.60	−43.90	561.00
2010年第四季度	12.20	18.50	5.60	35.90	26.00	12.40	1.50	−37.90	791.00
2011年第一季度	3.60	31.70	5.90	33.60	6.90	12.80	1.20	−29.70	766.00
2011年第二季度	7.60	38.30	6.70	42.80	13.20	9.00	1.40	−21.60	817.00
2011年第三季度	11.20	26.30	6.50	23.90	18.20	−5.20	1.50	−5.30	—
2011年第四季度	15.10	23.80	6.70	18.70	25.00	−3.80	1.50	2.10	—
2012年第一季度	4.00	10.40	7.20	21.60	5.70	—	1.80	—	—
2012年第二季度	8.80	15.20	8.10	20.30	14.10	6.70	2.30	67.50	—
2012年第三季度	13.10	17.80	8.40	28.70	22.50	23.70	2.30	56.70	—
2012年第四季度	17.90	18.80	8.30	25.40	31.60	26.40	2.00	35.10	760.00
2013年第一季度	5.40	35.10	9.20	27.90	9.50	67.30	2.20	21.60	—
2013年第二季度	10.70	21.80	9.20	12.80	22.40	58.80	2.30	2.30	—
2013年第三季度	15.20	15.60	8.90	6.30	34.60	54.10	2.10	−12.10	—
2013年第四季度	20.30	13.30	9.00	8.30	45.70	44.30	2.00	−4.10	—
2014年第一季度	5.70	4.50	9.50	2.60	10.80	13.70	1.90	−12.50	—
2014年第二季度	11.00	2.50	10.20	11.40	25.60	14.70	2.20	−5.40	—
2014年第三季度	16.20	6.90	9.70	8.80	42.50	22.80	2.70	31.10	1 257.00
2014年第四季度	22.10	8.90	9.90	9.30	60.70	33.00	2.90	48.90	1 372.00
2015年第一季度	5.40	−4.80	10.20	7.20	19.20	77.60	3.10	63.30	1 322.00
2015年第二季度	11.30	3.20	10.80	5.80	47.90	87.00	3.80	71.70	1 300.00

报告期限	累计签发商业汇票金额（万亿元）	同比增速（%）	期末商业汇票未到期金额（万亿元）	同比增速（%）	金融机构累计贴现（万亿元）	同比增速（%）	贴现余额（万亿元）	同比增速（%）	再贴现余额（亿元）
2015年第三季度	16.60	2.30	10.60	9.30	75.20	77.00	4.30	59.70	1 281.00
2015年第四季度	22.40	1.30	10.40	5.40	102.10	68.20	4.60	56.90	1 305.00
2016年第一季度	4.90	−8.40	10.50	3.60	27.30	41.90	4.90	60.60	1 230.00
2016年第二季度	9.40	−16.70	9.80	−9.20	51.90	8.20	5.30	40.70	1 202.00
2016年第三季度	13.60	−18.10	9.50	−10.70	70.20	−6.70	5.70	32.50	1 138.00
2016年第四季度	18.10	−19.30	9.00	−13.30	84.50	−17.20	5.50	19.60	1 165.00
2017年第一季度	5.60	12.60	8.80	−16.10	12.10	−55.50	4.40	−11.20	1 224.00
2017年第二季度	9.50	0.60	8.30	−15.60	22.40	−56.90	3.90	−27.00	1 402.00
2017年第三季度	13.20	−3.10	8.10	−14.74	31.20	−55.60	3.70	−34.40	1 504.00
2017年第四季度	17.00	−6.10	8.20	−9.50	40.30	−52.40	3.90	−28.90	1 829.00
2018年第一季度	4.00	−27.40	8.50	−3.90	7.10	−41.50	3.80	−12.70	1 894.00
2018年第二季度	7.70	−18.80	8.50	3.10	13.90	−38.10	4.30	10.00	1 901.00
2018年第三季度	11.80	−10.30	8.70	7.10	21.80	−30.20	5.10	36.10	2 162.00
2018年第四季度	—	—	9.40	14.90	—	—	5.80	48.70	3 290.00
2019年第一季度	4.80	18.60	10.60	25.10	10.00	41.00	6.60	71.30	3 858.00
2019年第二季度	9.20	19.80	11.80	37.70	19.40	40.40	7.00	62.90	4 067.00
2019年第三季度	15.00	14.40	12.40	24.30	27.00	35.20	7.50	47.20	4 427.00
2019年第四季度	20.40	11.60	12.70	15.30	34.30	25.50	7.60	31.80	4 714.00
2020年第一季度	6.00	12.10	13.40	10.60	10.90	3.10	8.20	25.60	5 082.00
2020年第二季度	11.70	16.60	14.20	15.30	22.10	19.00	8.60	23.30	4 336.00
2020年第三季度	16.50	10.10	13.90	11.90	30.60	13.50	8.10	7.30	4 822.00
2020年第四季度	22.10	8.40	14.10	10.70	40.40	17.70	8.40	9.70	5 784.00

资料来源：历年《中国货币政策执行报告》、上海票据交易所。

附表二 票据利率与贷款利率

报告期限	贷款加权平均利率（%）	票据融资加权平均利率（%）
2009年第一季度	4.76	1.88
2009年第二季度	4.98	1.95
2009年第三季度	5.05	2.48
2009年第四季度	5.25	2.74
2010年第一季度	5.51	3.55
2010年第二季度	5.57	3.77
2010年第三季度	5.59	3.86
2010年第四季度	6.19	5.49
2011年第一季度	6.91	6.26
2011年第二季度	7.29	6.98
2011年第三季度	8.06	9.55
2011年第四季度	8.01	9.06
2012年第一季度	7.61	6.20
2012年第二季度	7.06	5.07
2012年第三季度	6.97	6.23
2012年第四季度	6.78	5.64
2013年第一季度	6.65	4.62
2013年第二季度	6.91	5.88
2013年第三季度	7.05	6.61
2013年第四季度	7.20	7.54
2014年第一季度	7.18	6.28
2014年第二季度	6.96	5.51
2014年第三季度	6.97	5.22
2014年第四季度	6.77	5.67

续表

报告期限	贷款加权平均利率（％）	票据融资加权平均利率（％）
2015年第一季度	6.56	5.40
2015年第二季度	6.04	4.01
2015年第三季度	5.70	4.29
2015年第四季度	5.27	3.33
2016年第一季度	5.30	3.62
2016年第二季度	5.26	3.43
2016年第三季度	5.22	3.05
2016年第四季度	5.27	3.90
2017年第一季度	5.53	4.77
2017年第二季度	5.67	5.39
2017年第三季度	5.76	4.98
2017年第四季度	5.74	5.23
2018年第一季度	5.96	5.58
2018年第二季度	5.97	5.11
2018年第三季度	5.94	4.22
2018年第四季度	5.63	3.84
2019年第一季度	5.69	3.64
2019年第二季度	5.66	3.64
2019年第三季度	5.62	3.33
2019年第四季度	5.44	3.26
2020年第一季度	5.08	2.94
2020年第二季度	5.06	2.85
2020年第三季度	5.12	3.23
2020年第四季度	5.03	3.10

资料来源：历年《中国货币政策执行报告》、上海票据交易所。

附表三　2020年商业汇票业务数据（发生额）

单位：笔、亿元

时间	承兑				贴现				转贴现				质押式回购		买断式回购	
	银票		商票		银票		商票		银票		商票		银票		银票	
	笔数	金额	笔数	金额	笔数	金额	笔数	金额	笔数	金额	笔数	金额	笔数	金额	笔数	金额
2020年1月	2 479 587	18 947.08	445 318	3 816.38	674 629	13 485.96	34 391	1 330.35	32 795	29 856.96	2 007	4 030.48	1 956	10 219.31	27	100.65
2020年2月	668 658	11 645.76	69 975	1 276.51	420 185	10 027.60	11 089	575.62	25 214	26 912.62	824	1 584.26	1 930	8 997.35	24	90.61
2020年3月	1 667 526	21 879.57	175 395	2 835.58	680 838	17 137.80	25 305	1 008.71	47 790	54 687.65	2 042	4 991.51	3 617	16 479.50	39	144.17
2020年4月	1 804 214	17 219.42	183 671	2 566.60	639 760	12 339.16	24 534	862.29	46 393	56 069.32	1 747	2 941.21	4 016	18 399.68	40	91.66
2020年5月	1 601 484	14 894.67	187 078	2 526.52	566 301	10 280.93	21 961	714.26	36 220	36 211.87	1 314	1 893.46	4 279	21 794.77	84	280.65
2020年6月	1 766 563	15 545.40	214 894	3 643.36	536 829	9 876.72	24 244	922.34	36 809	33 656.61	1 522	2 235.17	3 641	16 282.11	92	368.50
2020年7月	1 921 776	13 187.51	255 095	2 747.42	490 106	7 534.54	25 375	714.32	34 866	31 278.46	1 522	1 840.63	4 187	18 288.68	146	516.09
2020年8月	1 659 845	12 004.29	240 000	2 747.92	461 173	6 897.24	25 551	696.12	30 605	24 374.54	1 401	1 642.97	4 217	17 176.07	149	448.69
2020年9月	2 152 886	14 657.66	287 091	3 004.29	585 919	8 031.62	32 692	855.26	36 031	26 248.37	1 755	2 068.13	4 471	19 948.52	165	545.79
2020年10月	1 674 478	11 201.31	211 863	2 376.84	501 812	6 138.10	21 245	545.64	28 651	21 167.06	1 388	1 978.34	3 153	13 586.24	144	481.16
2020年11月	1 953 462	14 060.95	263 069	2 827.99	637 475	8 682.07	26 765	779.57	35 822	27 027.95	1 405	2 379.52	3 821	15 647.66	198	628.50
2020年12月	2 274 359	19 473.18	370 993	5 849.79	824 280	13 386.46	37 707	1 322.08	51 825	42 108.90	1 862	3 880.51	4 115	18 578.94	241	748.23

资料来源：上海票据交易所。

附表四　2020年商业汇票业务数据（余额）

单位：笔、亿元

时间	承兑未到期余额				贴现未到期余额			
	银票		商票		银票		商票	
	笔数	金额	笔数	金额	笔数	金额	笔数	金额
2020年1月	11 904 334	110 193.74	1 501 765	18 906.53	3 021 883	76 108.04	141 319	6 514.20
2020年2月	10 973 001	109 677.77	1 428 759	18 469.67	2 906 053	78 248.77	135 085	6 547.62
2020年3月	10 790 313	115 440.13	1 430 585	18 813.54	2 971 152	84 337.37	140 737	6 785.81
2020年4月	10 954 480	119 912.19	1 437 199	19 078.65	3 084 660	88 140.45	145 865	6 979.29
2020年5月	10 800 284	122 042.51	1 437 522	19 283.12	3 094 843	89 918.71	146 577	6 963.20
2020年6月	10 627 543	122 388.23	1 421 904	19 540.03	3 024 557	90 014.10	145 247	7 030.79
2020年7月	10 208 767	120 241.73	1 380 859	19 266.00	2 769 649	87 262.37	144 361	7 021.39
2020年8月	11 002 009	119 993.94	1 475 471	19 679.50	2 879 907	85 146.79	152 187	7 105.18
2020年9月	11 509 930	118 866.77	1 591 594	20 276.32	2 897 954	82 218.29	164 047	7 222.99
2020年10月	11 430 923	116 508.55	1 623 223	20 533.65	2 843 801	79 673.96	165 365	7 172.46
2020年11月	11 781 244	116 837.19	1 703 490	20 973.23	2 974 148	79 468.52	170 509	7 201.38
2020年12月	12 211 076	118 013.95	1 836 804	22 890.77	3 207 219	80 500.12	180 807	7 279.34

资料来源：上海票据交易所。

EPILOGUE | 后记

在2020年这极其特殊的一年里，票据市场在全力抗击疫情、支持实体经济发展等方面发挥了积极作用。从票据市场全年发展情况来看，票据市场保持了平稳发展，承兑规模稳中有升，贴现规模同比增长，中小企业广泛参与。市场人士期待对这一年来票据市场的发展进行及时回顾和总结，以进一步为票据市场建设总结经验、探索规律，促进票据市场的功能作用不断完善和提升，为票据市场打好"十四五"开局之年主动仗提供有益参考。

2020年是票交所牵头组织编写《中国票据市场发展报告》的第四个年度。票交所2016年底成立之后，开始利用贴近市场和数据信息集中的优势，牵头组织市场参与者共同编写票据市场年度发展报告。在总结过去编写经验的基础上，本次发展报告延续了专题式写作模式，由票交所和部分具有代表性的市场参与者分别负责相关专题撰写，从总体到个体、从数据到实践，多角度反映2020年票据市场的发展形态，多层次展现票据市场改革的亮点和成效。参与写作的市场参与者涵盖国有商业银行、股份制商业银行、城市商业银行、农村金融机构、财务公司、证券公司和供应链平台，机构覆盖面较广。报告分为六个部分，即总体运行情况、票据业务生态建设与服务实体经济、票据市场产品创新实践、票据市场风险防控、大事记、统计数据。

票交所宋汉光董事长作为主编，组织策划了本书的总体思路和整体架构，并为本书作序；孔燕副总裁作为副主编，对本书的章节安排、起草和统稿工作进行了具体指导。中国工商银行、中国农业银行、中国银行、中国建设银行、交通银行、中信银行、招商银行、上海浦东发展银行、兴业银行、九江银行、宁波银行、厦门银行、常熟农村商业银行、重庆富民银行、一汽财务有限公司、海尔集团财务有限责任公司、华泰证券股份有限公司、简单汇信息科技（广州）有限公司18家金融机构参与了编写。全书由票交所战略规划部统稿。中国金融出版社黄海清主任等为本书的编辑和出版做了大量细致的工作，付出了诸多努力。

由于本书编写工作时间紧迫，难免存在疏漏和不足之处，恳请广大读者批评指正。

上海票据交易所

2021年3月